VILLE DE ROUEN

BIBLIOTHÈQUE MUNICIPALE

DE PRÊT GRATUIT

4, Rue Tous-Vents

CATALOGUE GÉNÉRAL ALPHABÉTIQUE

ROUEN

IMPRIMERIE CAGNIARD, Léon GY -:- Albert LAINÉ, successeur,

5, rue des Basnage, 5.

1927

VILLE DE ROUEN

BIBLIOTHÈQUE MUNICIPALE

DE PRÊT GRATUIT

4, Rue Tous-Vents

CATALOGUE GÉNÉRAL ALPHABÉTIQUE

ROUEN

Imprimerie CAGNIARD, Léon GY -:- Albert LAINÉ, successeur,

5, rue des Basnage, 5.

1927

CATALOGUES DE LA BIBLIOTHÈQUE

IMPRIMÉS :

A. **Catalogue méthodique.**

    I. Littérature (Romans, Contes et Nouvelles, Théâtre, Poésie, Genres divers). *Acquisitions jusqu'en 1923.* 26 pp........... 1 fr. 25
    d° Supplément *manuscrit :* 1923 et ss.

    II. Sciences. Arts. Histoire. *Acquisitions jusqu'en 1924.* 56 pp. 2 fr. 25
    d° Supplément *manuscrit :* 1924 et ss.

B. **Catalogue général alphabétique** (par noms d'auteurs). *Acquisitions jusqu'en 1927.* 62 pp...'........... .... 4 fr. »
    d° Supplément *manuscrit :* 1927 et ss.

SUR FICHES :

Catalogue alphabétique des mots principaux des titres des ouvrages acquis depuis 1913 (y compris les principaux articles de revues reçues par la Bibliothèque).

    Sera complété pour les acquisitions antérieures.

SUR TABLEAUX suspendus dans la salle :

Acquisitions récentes : I. Œuvres littéraires. — II. Périodiques. Philosophie. — III. Sociologie. Droit. — IV. Sciences. — V. Beaux-Arts. — VI. Histoire. Géographie. — VII. Biographie.

CATALOGUE GÉNÉRAL ALPHABÉTIQUE

A

ABBAT. Aventures de Milon de Crotonne (*Revue*, oct. 1917).

ABEL (G.). Labeur de la prose. — Cours de français.

ABOUT (Edm.). A. B. C. du travailleur. — Progrès. — XIX⁰ siècle. — Infâme. — Jacques Mainfroy (*R. D. M.*, déc. 1862). — Fellah. — Madelon. — Maître Pierre. — Mariages de province. — Mari imprévu. — Marquis de Lanrose. — Tolla. — Turco. — Vacances de la comtesse. — Roman d'un brave homme. — Roi des montagnes. — Germaine. — Lettres d'un bon jeune homme. — Cas de M. Guérin. — Nez d'un notaire. — Trente et quarante. — Mariages de Paris. — Alsace. — Causeries. — Homme à l'oreille cassée.

ABRANTES. Mémoires. (*Choix*.)

ABRY, AUDIC et CROUZET. Hist. ill. littérat. française.

ACHARD. Envers et contre tous. — Récits d'un soldat. — Montebello, 1859. — Robe de Nessus. — Maurice de Treuil (*R. D. M.*, sept. 1856). — Madame Rose (*Idem*, fév. 1857).

ACKER. Victoire. — Désir de vivre. — Soldat Bernard.

ACKERMAN (C.-W). Allemagne de l'arrière.

ACKERMANN (L.). Poésies.

ACKWORTH. Beckside lights.

ACLOQUE. Coléoptères.

ACOLLAS. Idée du droit. — Propriété. — Servitudes. — Propriété littér. et artist. — Actes de l'état civil. — Successions. — Contrats. — Contrat de mariage. — Tutelles. — Obligations des commerçants. — Délits et peines. — Droit de la guerre.

ACREMANT (G.). Dames aux chapeaux verts.

ADAM (H.). Avocat du foyer.

ADAM (P.). Trust. — Stéphanie (*R. D. M.*, avril 1912).

ADELINE. Lexique des termes d'art. — Arts de reproduction. — Peinture à l'eau.

ADENIS (Erg. et Ed.). Noces de Panurge, pièce en 5 actes (*Monde ill.*, 1911).

ADES (A.) et JOSIPOVICI (A.). Livre de Goha le Simple.

ADLER-MESNARD. Versions et thèmes allemands.

AEGERTER (Em.). Minute du mandarin (*Rev. hebd.*, août 1918).

AICARD. Roi de Camargue. — Ame d'un enfant. — Maurin des Maures (*Revue*, avril 1908). — Illustre Maurin. — Grande masure (*L. P. T.*, mai 1921). — Fleur d'abîme (*Lect.*, XXVIII). — Benjamine.

AIMARD (G.). Aigle noir des Dakotahs. — Aventuriers. — Balle franche. — Castille d'or. — Chasseurs d'abeilles. — Chercheurs de pistes. — Cœur loyal. — Curumilla. — Eclaireur. — Fièvre d'or. — Forestiers du Michigan. — Fort Duquesne. — Francs-tireurs. — Gambucinos. — Grand chef des Aucas. — Grande flibuste. — Lion du désert. — Loi de lynch. — Nuits mexicaines. — Olonnais. — Ourson, tête de fer. — Pirates des prairies. — Rastréador. — Rôdeurs de frontières. — Sacramenta. — Trappeurs de l'Arkansas. — Valentin Guillois. — Vaudoux. — Vent-en-Panne.

AJALBERT (J.). Tournée. — Raffin Su-Su. — Maroc sans les Boches.

ALAIN. Cent un propos, 1ʳᵉ série.

ALANIC (M.). Petite Miette. — Soleil couchant. — Bal blanc (*Illustr.*, 1909-10). — Norbert Dys (*Idem*, 1899-1900). — Maître du Moulin-Blanc (*Idem*, 1901). Roses refleurissent (*Corresp.*, juillet 1914). — Route ardente (*Idem*, avril 1922).

ALBALAT (A.). Art d'écrire. — Formation du style. — Comment il ne faut pas écrire. — Travail du style.

ALBANE (Cl.). Expérience d'aimer. — Age de raison.

ALBANES (D'). Mystères du collège.

ALBANESI (M.). Collines ensoleillées (*Corresp.*, août 1920).

ALBERT (P.). Poésie. — Prose. — Variétés. — Littérature française, XVI⁰ s. — *Idem*, au XVII⁰ s. — *Idem*, au XIX⁰ s. — Hist. de la littérat. romaine.

ALBERT Iᵉʳ (de Monaco). Carrière d'un navigateur.

ALBERTINI (Q.). Prix d'un baiser.

ALBREY. Du Tonkin au Havre, 1898.

ALCINDOR (Em.). Enfants assistés.

ALCY (G. d'). Oasis.

ALEMBERT (d'). Dictionnaire des mathématiques, 1784 (*Encycl. méth.*, 78-80).

ALERAMO. Passage. Transfiguration.

ALEXANDRE (C.-A.). Trad. MOMMSEN.

ALEXANDRE (P.). Trombe de Monville.

ALEXINSKY. Russie moderne, 1912. — Russie et Europe, 1917.

ALFIERI. Mémoires. Virginie (*Bibl. des Mém.*, 26).

ALLAIN (Ed.). Dessin géométrique et Atlas.

ALLAIS (A.). Amours, délices et orgues. — Vive la vie. — Affaire Blaireau.

ALLAIS (H.). Adieu Jean. — Tantine

ALLEMAGNE (H.-R. d'). Catalogue du Musée Le Secq des Tournelles.

ALLEMANDS destructeurs de cathédrales. Bombardements de Reims, Arras, Louvain, etc., 1915.

ALLEN (M.). Angel of Kelly's Riuts.

ALLINE (M.) et LOISEL (A.). Cathédrale de Rouen avant 1200.

ALLONGE. Fusain.

ALLORGE (Henri). Grand cataclysme. — *Idem* (*Rev. mondiale*, janvier 1920).

ALMANACH de Rouen, 1914, 1919, 1920, 1924, 1925. — *Idem* Hachette, 1918, 1819, 1924, 1925. — *Idem* national, 1915-1919.

ALPHAUD (G.). Action allemande aux Etats-Unis, 1915. — Etats-Unis contre l'Allemagne, 1917. — Ce que fait Rouen pour les Alliés. (*L. P. T.*, t. XX).

ALSACIENS-LORRAINS de Rouen, manifestation 24 et 25 novembre 1918.

ALVARES-RODRIGUES. Langue portugaise.
ALYPE (Pierre). Ethiopie et convoitises allemandes, 1917.
AMANIEUX (M.). Grandes luttes.
AMBERT (A.). Guide du tourneur.
AMBERT (Général). Récits militaires (1870-1871). — Héroïsme en soutane.
AMERICAIN (Lettres d'un) à un Français.
AMERO et TISSOT. Russie rouge.
AMET (Em.). Comment parler en public.
AMIEL (D.) et OBEY (A.). Souriante Madame Beudet (*Rev. hebd.* suppl. théâtre, 1922).
AMIGUES. A travers le ciel.
AMIOT. Eléments de géométrie, 1875.
AMITIES SPIRITUELLES (Sédir). 1919 à 1925.
ANDE (J.). Fils unique (*Corresp.*, avril 1923).
ANDERSEN. Souliers rouges.
ANDLER (en collaboration avec BEDIER et autres). Pangermanisme, 1915. — Pratique et doctrine allemande de la guerre, 1915. — Collab. STEED et autres. Démocraties modernes, 1921 (*Bibl. phil. sc.*).
ANDRE (Eug.). Cours d'arithmétique.
ANDRE (Emile). Gymnastique suédoise.
ANDRE (Gustave). Chimie agricole et végétale, 1909. — *Idem* du sol, 1921.
ANDRE (Louis). Baronne de Feuchères.
ANDRE (Paul). Criminalité et civilisation (Discours de rentrée, 1896), 47 p.
ANDREIEF. Trad. S. PERSKY. Nouvelles.
ANDREWS (C.-C.). Dans la peau du rôle (*Illustr.*, 1912).
ANDRIEUX. A travers la troisième République (*Rev. hebd.*, 1926).
ANET (Claude). Révolution russe, 4 vol. — Bolchevisme, 1919 (*Broch.* 16 p.).
ANGELL. Grande illusion.
ANGLES. Abbaye de Moissac.
ANGOT. Météorologie, 1899.
ANGRAND. Machines à vapeur et à mélanges tonnants.
ANNAM. Notice, 1919 (10 p.).
ANNALES polit. et littér., 1904-1910 et Conférencia, 1924 et ss.
ANNE. Reine de Paris.
ANNUAIRE DES DEUX-MONDES (suppl. *R. D. M.*), 1852-1860.
ANNUAIRE. Voir Almanach de Rouen.
ANNUNZIO. Triomphe de la mort (*R. D. M.*, juin 1895). — Vierge aux rochers *Idem* (septembre 1896). — Enfant de volupté. — Victoires mutilées. — Episcopo et Cie. — Le feu. — L'intrus. — Phaèdre, drame (*Rev. Paris*, août 1924).
ANSART. Géogr. ancienne et moderne, 1858.
ANSON. Voyage autour du monde, 1740-44 (*Voyages autour du monde*, I).
ANSTEY (F.). La Mouette (*Illustr.*, 1907). — Voces populi.
ANTAR. Les Larbal.
ANTHOLOGIES. De la chanson française. — Des classiques français. — Du félibrige. — Des historiens français. — Du journalisme. — Juive. — De la nouvelle poésie française, 1924. — Des poètes normands. — Poétique du XXᵉ s. — Anti-chapelle poétique. — Auteurs comiques des XVIIᵉ et XVIIIᵉ s. — Cent poètes lyriques. — Chrestomathie du moyen âge. — Fabliaux. — Grands chroniqueurs français. — Guirlande de Thalie. — Mosaïque littéraire. — Orateurs de la Révolution. — Parnassiculet, 1867. — Petits poètes du XVIIIᵉ s. — Plus jolis vers de l'année, 1907-1912. — Poèmes

de la guerre. — Poètes de la Pléiade. — Poésie française du XVIᵉ s. à 1859. — Poètes d'aujourd'hui, 1925. — Poètes du XIXᵉ s. — Poètes français contemporains, 1918. — Poètes lyriques du XIXᵉ s. — Poètes normands. — Poètes du terroir. — Prosateurs français, 1890-1918. — Récits à dire. — Violetti.
ANTOINE. Souvenirs sur le théâtre libre (*Rev. hebd.*, mai 1921).
ANTOINE et LERY. Les chevaux de bois (Collect. *France dram.*).
ANTOMARI. Géométrie descriptive.
APERT. Hérédité morbide. — Croissance.
APPELL. Séance historique de l'Institut. Discours d'ouverture (Pages d'hist., 7ᵉ série). — Collab. BERGSON et autres. La Science française.
APPLETON et JONES. Puer romanus.
APPONYI. Révolution de 1848 (*Rev. hebd.*, nov. 1924). — Année 1849 (*Idem*, janvier 1925).
APPUHN et RENOUVIN. Introduction aux tableaux d'histoire de Guillaume II.
ARBOIS DE JUBAINVILLE. Premiers habitants de l'Europe.
ARDEL. Nuit tombe. — Faute d'autrui. — Feu sous la cendre. — Mal d'aimer (*Corresp.*, mai 1909). — Conte bleu. — Rêve blanc. — Imprudente aventure. — Cœur de sceptique (*Corresp.*, janvier 1892).
ARDOUIN-DUMAZET. Voyage en France, 47 vol. — Europe centrale et réseaux d'Etat. — A travers le pays de Caux (56 p.).
ARENE. Croquis parisiens (*Lecture*, XIX). — Canot des six capitaines. — Chèvre d'or.
ARGENS (d'). Mémoires (*Bibl. des Mém.*, XXVIII).
ARGENSON. Mémoires (*Bibl. des Mém.*, I).
ARGER. Art du chant.
ARGYL. Marie Champfoin.
ARGY. Causeries d'un électro-amateur, 1890.
ARIOSTE. Roland furieux.
ARMANDY. Les Réprouvés (*Rev. France*, mars 1926). — Yacht Callirhoé (*L. P. T.*, avril 1923). — Terre de suspicion (*Idem*, nov. 1925). — Le Trésor des îles Galapagos (*Idem*, juillet 1926).
ARISTOPHANE. Théâtre.
ARMBRUSTER. Réparation des dommages de guerre.
ARMENGAUD. Moteurs à vapeur et Atlas.
ARMIE. Alphonse XIII.
ARMONT (d'). Tête de vierge (*Corresp.*, février 1910).
ARMSTRONG. Ars una, Grande-Bretagne et Irlande.
ARNOULD. Fortune de la fermière.
ARNOULD. Poèmes.
ARNOULT (Gab.). Origines historiques de la guerre (*Pages d'histoire*, t. XXVII).
ARNOULT. Mémoires (*Bibl. des Mém.*, XXX).
ARNOUX (Alexandre). Huon de Bordeaux (*Rev. hebd.*, sept. 1921). — Cid Campéador. — Indice 55 (*R. hebd.*, mars 1920).
ARNYVELDE. Roi de Galade.
ARRAOU. Héroïque sacrifice.
ARRHENIUS. Destin des étoiles.
ART (G.). Pour développer notre mémoire. — Exercez votre mémoire.
ART ROE. Pingot et Moi. — Papa Félix. — Berthe Vauclin (*Rev. France*, août 1924).
ARTAGNAN (d'). Mémoires.
ARTHEZ (d'). Entrave (*Illustr.*, 1898).
ARTHOIS. Connaître, 1 acte (*France dram.*).

ARTUS. Cœur de moineau (*Monde ill.*, 1913).
— Amour en banque (*Idem*, 1912). —
Petit Dieu (*Idem*, 1910). — Midinettes
(*Idem*, 1911).

ARVERS. Heures perdues.

AS (Les) peints par eux-mêmes.

ASIE française. Bulletin, janvier 1921.

ASSELINE. Histoire de l'Autriche.

ASSISES de Caumont, IVe session, 1908,
rapports de MM. Berge, Frère, Laurent,
Lormier, Paulme et Piequet. — VIe session,
1923, rapports de MM. Piequet, Robert,
Dubosc, Labrosse.

ASSOCIATION des A. C. Le 39e R. I., 1914-
1918.

ASSOLLANT. Vie des Etats-Unis. — Fête de
Champdebrac. — Crimes de polichinelle. —
Mariage au couvent. — Pendragon. —
Butterfly (*R. D. M.*, oct. 57).

ASSURANCES (Revue des) sociales et Institutions de prévoyance, 1919-1920.

ASTAROTH. Avenir dévoilé.

ASTON (W.-G.). Littérature japonaise.

ASTRUC. L'Automobile.

ATLAS, manuel de géogr. moderne, 1884.

AU BRUIT des canons, 1916.

AU SEUIL de la vie, revue.

AUBE. Des Ifs à Etretat.

AUBERT (E.). Histoire naturelle. — Lectures
scientiques.

AUBERT (J.). Perspective conique.

AUBERT (M.). Senlis.

AUBERTIN. Littér. française au moyen âge.

AUBIGNE (d'). Tragiques.

AUBIN. Le Maroc d'aujourd'hui.

AUBRY (A.). Ma captivité en Allemagne.

AUBURTIN. En péril de mort.

AUDIC collab. ABRY et CROUZET.

AUDIFFRED-PASQUIER. Mémoires du chancelier Pasquier.

AUDOUIN-DUBREUIL collab. HAARDT.

AUDOUX. Atelier de Marie-Claire. — Marie-
Claire.

AUERNHEIMER (R.). Marchand de secrets
(*Rev. Paris*, juin 1924).

AUGE. Sept merveilles du monde. — Tombeaux.

AUGIER. Théâtre. — Lettres (*Revue*, juin
1907).

AULARD. Histoire politique de la Révolution
française. — Patriotisme français.

AULNOYE. Lieutenant de Trémazan (*Corresp.*,
avril 1906).

AUREL. Politique de la maternité.

AURIAC (Eug. d'). Louis-Philippe.

AURIAC (J. d'). Nationalité française en formation.

AURIOL et autres. Meilleures histoires.

AUTIE (J.). Léonard, coiffeur de Marie-Antoinette.

AUTRAN. Poèmes de la mer.

AUX ENFANTS de France. [Sur la tuberculose.]

AUZIAS-TURENNE. Dernier mammouth.

AVELINE. C'était à Berlin (*Revue*, déc. 1911).

AVENEL (A.). Collège des médecins de
Rouen.

AVENEL (G. d'). Vie moderne. — Paysans et
ouvriers. — Riches. — Fortune privée. —
Histoire sociale. — Nivellement des jouis-
sances. — Moyens de transport. — Français de mon temps. — Aux Etats-Unis. —
Enseignements de l'histoire des prix.

AVESNES. Vocation. — *Idem* (*R. D. M.*, fév.
1914).— Ile heureuse (*R. D. M.*, mars 1920).
— Magnificences du comte de Raimondis

(*Rev. Paris*, août 1925). — La marque
(*R. D. M.*, fév. 1926).

AVEZAC (d'). Voir GONNEVILLE.

AVEZE, collab. SOUCHON. Gribouille (*Monde
ill.*, 1912).

AVRILLON. Vie privée de Joséphine.

AYNARD. Oxford et Cambridge.

AZEGLIO. Nicolas de Lapi.

AZEVEDO. Trad. CAMOENS.

B

BABEAU. Village sous l'ancien régime. — Vie
rurale dans l'ancienne France.

BABELON. Archéologie orientale. — Gravure
en pierre fines.

BABIN, COBLENTZ et LORTON. Régime et
travaux d'amélioration de la Seine maritime
(16 p.). — Port de Rouen, 1913 (14 p.).

BABOIS (Mme). Elégies et poésies.

BACHAUMONT. Mémoires (*Bibl. des Mém.*,
III).

BACHELIER. Jeu, chance, hasard.

BACHELIN. Serviteur (*Rev. hebd.*, janv.
1918). — Héritage (*Idem*, juin 1913).

BACOT. Tibet révolté, 1912.

BADIN. Grottes et cavernes. — Jean Bart.

BADOUREAU et GRANGIER. Mines, Minières et carrières.

BAEDEKER. Suisse, 1893.

BAILLE. Electricité, 1878.

BAIN et MILADINOVITCH. Histoire serbe,
1917.

BAINES. Sud-Ouest de l'Afrique.

BAINVILLE. Petit musée germanique, suivi
de La Russie en 1916. — Histoire de
France, 1924.

BALDE. Vigne et la maison (*Rev. hebd.*, juin
1922).

BALDENSPERGER. Littérature.

BALLEYGUIER, trad. CRADOCK.

BALZAC. *Scènes de la vie privée* : Maison du
Chat-qui-Pelote. Bal de Sceaux. Bourse.
Vendetta. Madame Firmiani. Double famille. — Paix du ménage. Fausse Maîtresse. Etude de femme. Autre étude de
femme. Grande Bretèche. Albert Savarus.
— Mémoires de deux jeunes mariées. Fille
d'Eve. — La femme de trente ans. Femme
abandonnée. Grenadière. Message. Gobseck.
— Le contrat de mariage. Un début dans
la vie. — Modeste Mignon. — Béatrix. —
Honorine. Colonel Chabert. Messe de
l'athée. Interdiction. Pierre Grassou. —
Scènes de la vie de province : Ursule Mi-
rouet. — Eugénie Grandet. — Célibataires.
I. Pierrette. Curé de Tours. — Célibataires.
II. Ménage de garçon. — Parisiens en province. Illustre Gaudissart. Muse du département. — Les rivalités. Vieille fille.
Cabinet des antiques. — Lis dans la vallée.
— Illusions perdues. I. Deux poètes. Grand
homme de province à Paris. — Illusions
perdues. II. Eve et David. — *Scènes de la
vie parisienne* : Splendeur et misère des
courtisanes. Esther heureuse. A combien
l'amour revient aux vieillards. Où mènent
les mauvais chemins. — Dernière incarna-
tion de Vautrin. Prince de la Bohème. Un
homme d'affaires. Gaudissart II. Comé-
diens sans le savoir. — Histoire des treize.
Ferragus. Duchesse de Langeais. Fille aux
yeux d'or. — Père Goriot. — César Birot-
teau. — Maison Nucingen. Secrets de la
princesse de Cadignan. Employés. Sarra-

sine. Facino Cane. — Parents pauvres. I. Cousine Bette. — Parents pauvres. II. Cousin Pons. — *Scènes de la vie politique* : Ténébreuse affaire. Épisode sous la Terreur. — Envers de l'histoire contemporaine. Madame de la Chanterie. Initié. Z. Marcas. — Député d'Arcis. — *Scènes de la vie militaire* : Les Chouans. Passion dans le désert. — *Scènes de la vie de campagne* : Médecin de campagne. — Curé de village. — Paysans. — *Etudes philosophiques* : Peau de Chagrin. — Recherche de l'absolu. Jésus-Christ en Flandre. Melmoht réconcilié. Chef-d'œuvre inconnu. — Enfant maudit. Gambara. Massimilia Doni. — Marana. Adieu. Réquisitionnaire. El Verdugo. Drame au bord de la mer. Auberge rouge. L'élixir de longue vie. Maître Cornélius. — Catherine de Médicis. Martyr calviniste. Confidence des Ruggieri. Deux rêves. — Louis Lambert. Proserits. Séraphita. — *Etudes analytiques* : Physiologie du mariage. — Petites misères de la vie conjugale. — Contes drôlatiques. — Théâtre : Vautrin. Ressources de Quinola. Paméla Giraud. Marâtre. Le Faiseur (Mercadet). — Correspondance inédite [avec Mme Zulma Carraud] (*R. D. M.*, janv. 1923). — Lettres à l'étrangère (*R. D. M.*, déc. 1919). — Héritiers Boisrouge (*R. D. M.*, déc. 1917). — Adieu (*Lect. rétr.*, XVIII).

BANET-RIVET. Aéronautique, 1898.

BANQUE DE FRANCE. Assemblée générale.

BANVILLE. Odes funambulesques. — Ame de Paris. — Marcelle Rabe. — Parisiennes de Paris. — Critiques. — Deidamia. — Gringoire. — *Idem* (*Lect. rétr.*, XVI). — Choix de poésies.

BARADEL et FALLOURD. Histoire de Normandie.

BARATIER. A travers l'Afrique. — Au Congo. — *Idem* (*R. D. M.*, mai 1914). — Dans un poste du Congo.(*Corresp.*, avr. 1914). — Epopées africaines. — Vers le Nil. — *Idem* (*Corresp.*, juin 1923).

BARATTE. Poètes normands.

BARBARA. Ary Zang. — Histoires émouvantes.

BARBAUD. Tours de cartes.

BARBEROT. Constructions civiles. 1920.

BARBEY (B.). Maladère (*Rev. hebd.*, juin 1926).

BARBEY D'AUREVILLY. Vieille maîtresse. Diaboliques. — Ensorcelée. — Chevalier des Touches. — *Idem* (*Lect.*, VIII). — Prêtre marié. — Ce qui ne meurt pas. — 1er mémorandum, 1836-1838. — 2e mémorandum, 1838.

BARBIER et CARRE. Faust. opéra.

BARBIER (A.). Satires. — Silves. — Iambes.

BARBIER (Em.). Recherches minières en Seine-Inférieure (39 p.).

BARBIER (Ern.). Voyage au pays des dollars (*Lect.* XXV).

BARBILLON. Courants alternatifs, 1912.

BARBUSSE (A.). Simone.

BARBUSSE (H.). Clarté.

BARCLAY. Châtelaine de Shenstone. — Rosaire.

BARDE. Pépé, comédie (*Cahiers dramat.*).

BARDIN. Guide du dessinateur-mécanicien.

BARDOUX (J.). John Ruskin.

BARES (J.). Grammaire française.

BARINE. Alfred de Musset. — Bernardin de Saint-Pierre.

BARNAVE. Choix de discours (*Orat. de la Révolut.*).

BARNEVILLE. Grand Sylvain (*Corresp.*, sept. 1891).

BARNI et MONTPELLIER. Monteur électricien.

BARNI (J.). Napoléon Ier.

BARR MC. COTCH. Qui perd gagne (*Corresp.*, fév. 1919).

BARRACAND. Epée brisée. — Amour oblige (*Corresp.*, oct. 1904).

BARRAL (de). Souvenirs de guerre (*Rev. hebd.*, mars 1923).

BARRAS. Mémoires (*Bibl. des Mém.*, 29).

BARRE. Architecture du sol de la France.

BARRES (M.). Déracinés. — Au service de l'Allemagne. — Jardin de Bérénice. — Du sang, de la volupté et de la mort. — Colline inspirée. — *Idem* (*Rev. hebd.*, nov. 1912). — Colette Baudoche. — Génie du Rhin (*R. D. M.*, 15 déc. 1920). — En Espagne (*Lect.*, XXXI). — Journée parlementaire (*Lect.*, XXVII). — Jardin sur l'Oronte. — *Idem* (*R. D. M.*, avr. 1922). — Bastions de l'Est (*R. D. M.*, nov. 1904). — Enquête au pays du Levant (*R. D. M.*, fév. 1923).

BARRES (J.-B.). Souvenirs d'un officier de la Grande Armée (*R. D. M.*, oct. 1922).

BARRES (Ph.). Guerre à vingt ans (*Rev. Paris*, mars 1924).

BARRETT (Fr.). Etrange grand-père (*L. P. T.*, t. XX).

BARRET (L.). Liberté.

BARREY. Havre maritime du XVIe au XVIIe s. — Colonisation française aux Antilles.

BARRIERE (F.), édit. Bibliothèque des Mémoires relatifs à l'histoire de France.

BARRILLOT. Les vierges.

BARRON. La Seine.

BARTH (H.). Constantinople.

BARTHELEMY (comte). En Indo-Chine, 1894-1895.

BARTHELEMY (J.). Compétence dans la démocratie, 1916.

BARTHELEMY (N.). La guerre, 1870-71.

BARTHOU (Louis). Manifestation en faveur de l'emprunt, 24 février 1920 (14 p.). — Le politique. — Rapport général sur l'approbation du traité de Versailles. — Lamartine orateur, 1918. — Lamartine et Aimé Martin (*Rev. Paris*, oct. 1925). — Bataille du Maroc, 1919. — Amours d'un poète [Victor Hugo].

BASIN. Physique. — Chimie.

BASSELIN. Vaux de Vire.

BASSENNE. Aurélie Tedjani (*R. D. M.*, janv. 1925).

BASSET et BRINGER. Fine mouche. — Premier amour (*Illustr.*, 1912). — Aventure de Frédérick Lemaitre (*Illustr.*, 1908-1909).

BASSIERES. Guyane (Expos. 1900).

BASTIA. Suite à demain (*Nouv. France dramat.*).

BASTIAN (Ch.). Cerveau et pensée.

BASTIDE. Luttes religieuses des premiers siècles. — Guerres de la réforme.

BASTIEN. Carrières commerciales, industrielles et agricoles. — *Idem* libérales. — *Idem* de la jeune fille. — *Idem* administratives des jeunes gens.

BATAILLE. Amazone; Flambeaux. — Scandale; Songe d'un soir d'amour. — Masque; Enfant de l'amour. — Femme nue; Poliche. — Maman Colibri; Enchantement.

BATIFOL. Anciennes républiques alsaciennes. — L'Alsace est française par ses origines, sa race, son passé. — Siècle de la Renaissance.

BATTANCHON. Sur le seuil (*Monde ill.*, 1911).

BAUCHE. Vision tragique, drame (*L. P. T.*, fév. 1924).

BAUCOUR. Les trois harmonies.

BAUD. Chimie industrielle, 1922.

BAUDE (H.). Poésies (*à la suite de* VILLON).

BAUDELAIRE. Fleurs du mal. — Art romantique. — Trad. Ed. POE.

BAUDIN. Voyage aux terres australes, 1800-1804 (*Voyages autour du monde*, t. VI).

BAUDRILLART. La Normandie.

BAUDRY DE SAUNIER. Vélocipédie. 1891. — Sa Majesté l'alcool. — Recettes du chauffeur. — Mon peintre-décorateur, c'est moi!... — Initiation à la T. S. F., 1923.

BAUER (G.). Il faut parler le premier, comédie (*R. D. M.*, sept. 1924).

BAUER (W.). Baron de Heidenstamm (*Illustr.*, 1906).

BAUMANN. Job le Prédestiné. — L'immolé. — L'anneau d'or des grands mystiques.

BAUQUENNE. Le caniche (*Lect.*, XXVIII).

BAYARD. Art de reconnaître les meubles anciens. — *Idem*, les tableaux anciens. — *Idem*, les gravures anciennes. — *Idem*, les bijoux anciens. — *Idem*, style Renaissance. — *Idem*, Louis XIV.

BAYET. Histoire de l'art. — Art byzantin. — Précis d'histoire de l'art. — Giotto (*Maîtres de l'art*). — Christianisme, Barbares, Mérovingiens et Carolingiens (t. II, 1°. Histoire de Lavisse).

BAZANCOURT. Expédition de Crimée. — Campagne d'Italie. 1859.

BAZIN. Blé qui lève. — Charles de Foucault. *Idem*, R. D. M., avr. 1921. — Guide de l'empereur. — Mémoires d'une vieille fille. — De toute son âme. — Donatienne. — Il était quatre petits enfants. — Le moindre effort (conférence. *L. P. T.*). 1914. — Oberlé. — Nouveaux Oberlé. — *Idem* (*R. D. M.*, fév. 1919). — Sarcelle bleue. — Tache d'encre. — Terre qui meurt. — Davidée Birot. — *Idem*, (*Rev. hebd.*, janv. 1912. — Gingolf l'abonné. — *Idem* (*R. D. M.*, avr. 1914). — Closerie de Champdolent (*R. D. M.*, juin 1917). — Baltus le Lorrain (*R. D. M.*, déc. 1925). — Noellet (*Corresp.*, mai 1889).

BEAUFRONT (de). Dictionnaire esperanto français. — Grammaire esperanto. — Collab. COUTURAT. Dictionnaire français-ido. — Ido. Petit manuel... — Vocabulaire... ido-français et français-ido et Grammaire.

BEAUMARCHAIS. Théâtre.

BEAUME (Georges). Les Jacques (*Revue*, fév. 1906). — Bourrasque (*Corresp.*, oct. 1905). — Maître d'école (*Corresp.*, oct. 1909).

BEAUMONT-VASSY. Histoire intime du Second Empire.

BEAUNIER. Après la guerre (conférence. *L. P. T.*, 1914). — Amour et secret. — Suzanne et le plaisir. — Sidonia (*Rev. hebd.*, 1919, t. 12). — Folies amoureuses (*Rev. Paris*, juill. 1924). — Folle jeune fille.

BEAUNIS. Heures tragiques, 1870-1871.

BEAUREGARD (de). Ordre du roi (*Mode prat.*).

BEAUREPAIRE (R. de). Archives communales de Rouen antérieures à 1790. — Etat de l'agriculture (Seine-Inférieure, 1789).

BEAUREPAIRE (E. de). — Julien Travers (118 p.).

BEAUVAIS. Victoires, conquêtes, etc., des Français de 1792 à 1815.

BEAUVAIS (P.) et LABBE (E.). Dessin industriel.

BEAUVOIR (L. de). Java, Siam, Canton, 1873.

BEAUVOIR (R. de). Meilleurs fruits de mon panier. — Ecolier de Cluny. 1315.

BECKE. Scènes de la vie polynésienne. — Edward Barry.

BECQ. Applications de l'électricité.

BECQUE (H.). Théâtre complet.

BEDIER. Crimes allemands. — Comment l'Allemagne essaie de justifier ses crimes. Voir ANDLER. — Tristan et Iseut. — Chanson de Roland. — Société des anciens textes français (*R. D. M.*, fév. 1894).

BEGULE. Cathédrale de Lyon.

BELEZE. — Dictionnaire de la vie pratique.

BELGIOJOSO (princesse). Emina (*R. D. M.*, fév. 1856). — Vie intime et vie nomade en Orient (*R. D. M.*, fév. 1856). — Deux Femmes d'Ismail-Bey (*R. D. M.*, juill. 1856).

BELIARD. Sorciers, rêveurs et démoniaques.

BELIN. Ed. LIVINGSTONE. Explorations dans l'Afrique australe. — Ed. Mer libre du Pôle, par J. HAYES.

BELLE (La) GAULE de Rouen. Bulletin Années 1924 et suiv.

BELLEAU (Remy). Pièces choisies (*Poètes de la Pléiade*).

BELLECROIX. Chasse pratique.

BELLENGER (H.). éd. STANLEY. Lettres.

BELLESSORT. François de Xavier (*R. D. M.*, fév. 1916). — Nouveau Japon (*R. D. M.*, déc. 1917). — Notre Ronsard (*R. D. M.*, oct. 1915). — Virgile, conf. (*Rev. hebd.*, 1919, t. VII-IX). — Balzac et son œuvre. — *Idem* (*Rev. hebd.*, fév. 1924). — Voltaire, conf. (*Rev. hebd.*, janv. 1925).

BELLET. Evolution de l'industrie. — Mépris des lois et ses conséquences sociales. — Grands ports maritimes. — Royaume des machines. — Alimentation de la France.

BELLOI (de). Siège de Calais (*à la suite de* ROTROU).

BELLOM. Responsabilité en matière d'accidents du travail.

BELLOY (Mis de). Légendes fleuries.

BELOT. Femme de feu.

BENARD. Dans l'océan glacial.

BENDERLY. Monnaies et médailles.

BENEZIT (E). Dictionnaire des peintres. — Vie et œuvre des grands peintres.

BENEZIT. Travaux maritimes.

BENIERE. Papillon dit Lyonnais le Juste (*Illustr. th.*).

BENJAMIN. Gaspard. — Major Pipe et son père. — Grangoujon. — Amadou bolcheviste. — Pacha, 2 actes (*Nouv. France dram.*). — Justice de paix. — Honoré de Balzac.

BENNETT. Enterré vivant. — Old wive's tale.

BENOIST (Ch). Rapport sur approbation du traité de Versailles (partie II et III). —

Machiavélisme de l'antimachiavel (*R. D. M.*, mars 1915). — France et Vatican. Conférence (*Rev. hebd.*, fév. 1925). — Maladies de la démocratie (*R. D. M.*, juin-déc. 1925).

BENOIT (Fr.). Holbein (*Les maîtres de l'art*). Reynolds, *idem.*

BENOIT (P.). Koenigsmark. — Atlantide. — Pour Don Carlos. — Lac salé. — Chaussée des géants. — Châtelaine du Liban. — *Idem* (*Rev. de France*, mai 1924). — Puits de Jacob. — *Idem* (*Rev. Paris*, déc. 1924). — Mademoiselle de la Ferté. — Oublié. — Alberte (*Rev. de France*, janv. 1926.) — Collab. BOURGET et autres. Roman des Quatre. — Micheline et l'amour.

BENSON (E.-F). Arundel.

BENSON (R.-H.). Nécromanciens, roman (*Rev. hebd.*, nov. 1922). — Poltron (*Rev. hebd.*, juin 1919).

BENTLEY. Affaire Manderson.

BENTZON. Femmes d'Amérique.

BENVENISTI. Hérétiques.

BERANGER. Chansons choisies.

BERAUD. Vitriol de lune. — Martyre de l'obèse. — Lazare. — *Idem* (*Rev. France*, janv. 1924). — Ce que j'ai vu à Moscou. — Bois du templier pendu.

BERE. Les tabacs. — Histoire de l'armée française.

BERGE (Mme). Coupe et assemblage.

BERGE (R.). Mouvement agricole (*Assises... de Caumont*, 1908).

BERGER (C.). Cri-cri.

BERGER (M.). Miracle du feu. — Histoire de quinze hommes.

BERGER (E.-C.). Folle jeunesse.

BERGERAT. Aventures du sieur Caliban.

BERGERET (G.). Evénements de Pontax (*Lect.*, XX). — Nicolle à Marie (*Mod. prat.*). — Moment de colère (*Lect.*, IX).

BERGERET (R.). Goût du toc (*Monde ill.*, 1913).

BERGET. Problèmes de l'Océan. — Vie et la mort du globe. — Temps qu'il fait; temps qu'il fera. — Problèmes de l'atmosphère. — Pratique des vins. — Viticulture nouvelle. — Vins de France. — Comment on lit une carte d'état-major.

BERGIER. Dictionnaire de théologie (*Encycl. méth.*, 1788).

BERGMAN. Italie.

BERGSON. Choix de textes... avec études du système philosophique, par R. GILLOUIN. Collabor. POINCARE et GIDE (Ch.). Matérialisme actuel. — Collabor. L. POINCARE et autres. Science française.

BERLIOZ. Grotesques de la musique.

BERMON, voir RESCLAUZE de.

BERNANOS. Sous le soleil de Satan.

BERNARD (Ch.). Gerfaut. — Poésies et théâtre. — Peau du lion. — Ecueil. — Un beau-père. — Veau d'or. — Gentilhomme campagnard. — Un homme sérieux. — Nœud gordien. — Paravent. — Femme de quarante ans (*Lect. retr.*, VI). — Chasse aux amants (*Lect. retr.*, XXI.).

BERNARD (D.). Virelais.

BERNARD (J.-J.). Feu qui reprend mal, 3 actes (suppl. *Rev. hebd.*, I). — Martine, 5 tableaux, *idem.*

BERNARD (M.). Autour de la Méditerranée.

BERNARD (T.). Affaire Larcier. — *Idem Illustr.*, 1907). — Secrets d'Etat. — Mémoires d'un jeune homme rangé. — Amants et voleurs. — Auteurs, acteurs, specta-

teurs. — Sur les grands chemins. — Enfant prodigue du Vesinet. — Nicolas Bergère. — Féerie bourgeoise. — Un mari pacifique. — Théâtre.

BERNEDE et BRUANT. Cœur de française, 5 actes (*Monde ill.*, 1912).

BERNIS (de). Morceaux choisis (*Petits poètes du XVIIIe s.*).

BERNOS. Duchesse d'Orléans et Mme de Genlis (*R. D. M.*, avril 1913).

BERQUIN. Ami des enfants.

BERR. Echelle cassée, coméd. (*L. P. T.*, sept 1924). Copains, coméd. (*L. P. T.*, avr. 1925).

BERR DE TURIQUE. Mot de l'énigme.

BERRY. Mendicité à Paris (*Lect.*, XXVII).

BERTAUX. Rome (antiquité) (*Villes d'art célèbres*). — Donatello (*Maîtres de l'art*).

BERTHE. Garcia Moreno.

BERTHELEMY. Droit administratif.

BERTHEROY. Dieux familiers (*Illustr.*, 1903-04). — Vie du cœur. — La danseuse de Pompéi. — Double amour. — Voix du forum (*R. D. M.*, 15 oct. 1917). — Frisson sacré (*R. D. M.*, oct. 1915). — Vers la gloire (*R. D. M.*, déc. 1915). — Tablettes d'Erinna d'Agrigente. — Conflit d'âmes (*Correspond.*, juin 1918).

BERTHET (E.). Petits écoliers. — Petite Chailloux. — Le pacte de famille.

BERTHET et CROUZET. Méthodes solidaires de version latine et de thème latin.

BERTHIER. Eclairage industriel (*supp. techn. mod.*, f. I).

BERTHOU. Au rythme du rêve.

BERTHOUD. Monde des insectes. — Cassette des sept amis. — Hôtes du logis. — Soirée du docteur Sam.

BERTILLON. Statistique humaine de la France.

BERTIN. Marine moderne.

BERTIN (L.E.). Chaudières marines.

BERTIN et CHARPENTIER. Associations déclarées.

BERTNAY. Jusqu'aux étoiles (*Illustr.*, 1905). — Par l'amour (*Illustr.*, 1901-02). — Musique de chambre (*Idem*, 1900). — Buissonnière (*Idem*, 1904).

BERTRAN et MALEPEYRE. Colles et gélatine. — Peinture sur verre.

BERTRAND (A.). Orage dans le jardin de Candide. — Appel du sol. — *Idem* (*R. D. M.*, août 1914).

BERTRAND (Al.). Lettres sur les révolutions du globe.

BERTRAND (J.). D'Alembert.

BERTRAND (L.). Anciennes mers de la France.

BERTAND (Louis). Saint Augustin. — Louis XIV. — *Idem* (*R. D. M.*, 1er juillet 1923). — Mademoiselle de Jessincourt (*R. D. M.*, déc. 1910. — L'invasion. — Sanguis Martyrum. — *Idem* (*R. D. M.*, mars 1918). — Villes d'or. — Cardénio. — *Idem* (*R. D. M.*, août 1922). — Livre de la Méditerranée. — Sang des races. — Pépète et Balthasar. — Jardin de la mort. — Rival de Don Juan. — La Cina.

BESANÇON. Paradoxe sur la médecine.

BESENVAL (de). Mémoires (*Bibl. des mém.*, 4).

BESNARD (A). Souvenirs (*Rev. de France*, 15 sept. 1924).

BESNARD (C.H.). — Mont Saint-Michel.

BESNARD (L.). — Diable ermite, 4 actes (*Monde ill.*, 1913). — Folle enchère, 3 actes (*idem*). — Mon ami Teddy, 3 actes (*Illustr. théât.* 1910).

BESNERAY. Sacrifiés.

BESNIER. Catacombes de Rome.

BESSON. Trad. Les Logia agrapha. — La Didachè.

BETHLEEM. Romans à lire, romans à proscrire. — Pièces de théâtre.

BEVER. Cœurs sans pitié, 4 actes, adapt. de Galsworthy : The Skin game (*L. P. T.*, avr. 1924).

BEZANÇON. Madame Tartarin. — Qui m'aime me suive.

BIANQUIS. Révocation de l'édit de Nantes à Rouen.

BIARD. Autour de la fontaine.

BIBESCO (p^{sse}). Perroquet vert ,Rev. hebd., mai 1924). — Une fille de Napoléon (*R. D. M.*, mars 1921). — Une visite à la Bêchellerie (*Rev. hebd.*, nov. 1924).

BIDOU (Henry). La grande guerre (*Hist. contemp. Lavisse*, IX). Batailles de la Somme (*R. D. M.*, avril 1918). — Alexandre Dumas fils (*Rev. hebd.* fév. 1918). — Théâtre contemporain en France (*Rev. hebd.*, janv. 1921. — La Fièvre de Venise (*R. D. M.*, sept. 1924.)

BIGNON. Singulier petit homme.

BIGOT (Ch.). Classes dirigeantes. — Fin de l'anarchie.

BIGOT (R.). Mexique moderne. — Nounlegos (*L. P. T.*, XXI). — Étrange matière (*L. P. T.*, août 1921).

BIGOURDAN. Astronomie.

BILLY et TWERSKY. Fléau du savoir (*Rev. France*, oct. 1926).

Idem et PIOT. Monde des journaux.

BINET. Psychologie des raisonnements. — L'âme et le corps. — Idées modernes sur les enfants. — Enfants anormaux. — Homme mystérieux, 3 actes, coll. A. DE LORDE (*Monde ill.*, 1910). — Invisibles, tabl. dramat. (*Monde ill.*, 1912).

BINET-VALMER. Métèques. — Enfant qui meurt. — Passion. — Jours sans gloire.

BINGER. Esclavage en Afrique (*Lect.*, XV).

BIOCHE. Géométrie.

BION. Frissons. — Légende du cœur. — Ramilles. — Galerie des bustes.

BIOTTOT. Jeanne d'Arc.

BIRABEAU. Femme fatale, 3 actes (*Nouv. France dramatique*).

BIRE. Victor de Laprade. — Victor Hugo avant 1820. — Mémoires et souvenirs. — Portrait littéraires, 1888. — Dernières années de Châteaubriand. — Biographies contemporaines. — Journal d'un bourgeois de Paris. — Paris en 1793. — Dernières causeries.

BISHOP. De Québec au Mexique.

BISMARCK. Mémoires.

BISSIEU. Jeanne d'Arc.

BISTON-HANUS. Charpentier.

BITARD. Exposition de Paris, 1878. — 1889. — 1900.

BIZET. Jolie fille de Perth, livret.

BLACK. White Heather.

BJOERNSON. Magnhild (*La Revue*, juill. 1910).

BLAIZE. Saison divine. — Récits à dire.

BLANC (Ar.). Sans rêves, (*Illustr.*, 1900). — Conquête (*Idem*, 1903-04). — Mila *Idem*, 1900-1901.

BLANC (Ch.). Architecture. — Sculpture. — Grammaire des arts décoratifs. — Grammaires des arts du dessin. — L'art de la parure. — La peinture.

BLANCARNOUX. Conducteur de chaudières à vapeur.

BLANCHE. Aymeris (*Rev. hebd.*, mars 1921). — Manet. — Salon d'Offranville (*Rev. hebd.*, mars 1924. Dieppe (*Rev. hebd.*, oct. 1926).

BLANCHECOTTE. Militantes.

BLANCHET et DIEUDONNÉ. Numismatique française.

BLANCHET et TOUTAIN. Histoire de l'Europe, 1270 à 1610. — Histoire de France.

BLANCHET (E.-L.). En représailles (64 p.).

BLANCHON. Atelier de tout le monde. — Comment on orne une maison. — Eleveur de poules. — Eleveur de chèvres. — Eleveur de pigeons.

BLANDY (S.). Petit roi.

BLARINGHEM (L.). — Transformations des êtres vivants. — Hérédité expérimentale. — Perfectionnement des plantes.

BLASCO-IBANEZ. Dans l'ombre de la cathédrale. — Arènes sanglantes. — La horde. Quatre cavaliers de l'Apocalypse. — Femme nue de Goya. — Les morts commandent. — *Idem* (*Revue*, nov. 1910). — Tragédie sur le lac. — Reine Calafia (*Rev. Paris*, sept. 1926).

BLAZE (E.). Souvenir d'un officier de la grande armée.

BLAZE (H.). Trad. GŒTHE.

BLENNERHASSETT. Marie Stuart.

BLERZY. Colonies anglaises. — Torrents, fleuves et canaux de la France.

BLIGNY. Le sel en Normandie au XVIIIe s. — Huc de Miromesnil.

BLIN (E). Industrie de la laine cardée.

BLIN (J.). Question de l'apprentissage et organisation d'un atelier de reliure.

BLOCH. République romaine. — Empire romain. — Origines. Gaule indépendante. Gaule romaine (Histoire de France : Lavisse, I, 2).

BLOCK. La France. — Paris. — Département. — Commune. — Budget. — Impôt.

BLONDEL. Problème de la natalité et espérances de l'Allemagne. — Pour mieux juger les Allemands.

BLUM. Histoire du costume.

BLUMENFELD. Anthologie des conteurs Yidish.

BOCQUET. Mécanique appliquée.

BOCQUET (L.). Vocabulaire sensoriel. — Collab. PERROTIN. Composition française.

BOCQUET (L.). Vocabulaire sensoriel.

BOCQUILLON. Vie des plantes.

BOECKMANN. Celluloïd, suivi de la soie artificielle.

BOEDEKER. Suisse.

BOEUF et BOUTAND. Droit international privé.

BOHM. Prisons en 1793 (*Bibl. des Mém.*, t. XXIV).

BOHN. Naissance de l'intelligence. — Chimie et la vie. — Forme et mouvement.

BOIGEY. Science des couleurs.

BOIGNE (c^{sse} de). Mémoires.

BOILEAU (N.). Œuvres complètes.

BOILEAU (Gilles). Cf. VAN ROOSBROECK: Chapelain décoiffé.

BOILLOT. Aux mines d'or du Klondike.

BOINET (A.). Cathédrale de Bourges.

BOINET (E.). Doctrines médicales.

BOIRAC. Leçons de morale.

BOIS (D.). Petit jardin.

BOIS (J.). Leilah (fragment inédit) (*Revue*, juin 1914).

BOIS (J.-F.) et JAQUEMARD. Industrie de nos jours.

BOISANGER (de). Coup de fouet (*Corresp.*, fév. 1913).

BOISSIER. Mme de Sévigné. — Cicéron et ses amis.

BOISSIERE. Signe de croix du primitif hollandais (*Rev. hebd.*, oct. 1921).

BOITARD. Naturaliste préparateur.

BOITEAU. Etat de la France en 1789.

BOITEL et FOIGNET. Droit commercil terrestre. — Synthèse du droit.

BOIVIN-CHAMPEAUX. Notices sur la Révolution dans le départ. de l'Eure. — Portraits historiques anglo-normands (XIe, XIIe s.).

BOJER (Johan). Dernier Viking. — Emigrants (*R. D. M.*, juin 1925).

BOLCHEVIKS (Les) ennemis de la démocratie (16 p.)

BOLDENYI. Hongrie, ancienne et moderne.

BOLL et DELMAS. Personnalité humaine.

BOMBONNEL. Tueur de panthères.

BOMMIER. Bréviaire du chauffeur. — Chauffeur à l'atelier.

BONA. Guide du tissage.

BONAPARTE (Pauline). Lettres d'amour inédites [à Talma] (*Revue*, avril 1911).

BONARDI. Les hôtes du maquis (*R. de France*, août 1925).

BONDAREFF. Collab. TOLSTOI. Le travail.

BONDOIS. Institutions et mœurs de la France.

BONDY. Les douces flèches (*Rev. Paris*, juin 1926).

BONNAMAUX. Menuisier pratique.

BONNAMOUR. Le vent emporte la poussière. — Roses de septembre (*Lect.*, XXIX).

BONNARD. Palais Palmacamini. — La vie et l'amour. — Au Maroc (*Rev. Paris*, juillet 1925).

BONNAT. Voyage et captivité chez les Achantis.

BONNAUD. Cabet et son œuvre.

BONNATERRE. Dictionnaire de Cétologie (*Encyclop. méthod.*, 54). — *Idem*, d'erpétologie (*Idem*, 55). — *Idem*, d'ophiologie (*Idem*, 34 p.).

BONNE et DESMAREST. Géographie ancienne et moderne (*Encycl. méthod.*, 42).

BONNEFON (Ch.). Histoire d'Allemagne.

BONNEFON-CRAPONNE. Italie au travail.

BONNEFONT. Elevage et dressage du cheval.

BONNETAIN. Le nommé Perreux.

BONNEVAY. Habitations à bon marché.

BONNIER (G.). Géologie. — Botanique. — Zoologie. — Noms des fleurs. — Monde végétal. — Flore complète de France, Suisse et Belgique.

BONNIER (Dr P.). Défense organique et centres nerveux.

BONNIERES. Monach. — Jeanne Avril (*R. D. M.*, oct. 1886). — Petit Margemont (*Idem*, mai 1890).

BONVALOT. De Moscou en Bactriane.

BONZON. Débâcle des placements russes.

BOOTH. Papers on practical religion.

BORDEAUX (G.). Œuvre des prisonniers de guerre.

BORDEAUX (H.). Ames modernes. — Amants d'Annecy (*R. D. M.*, déc. 1920). — Amour en fuite. — Amour et bonheur. — Amour qui passe. — Chair et esprit. — Chamois couleur de neige (*R. D. M.*, déc. 1925). — Chartreuse du reposoir. — *Idem* (*R. D. M.*, janv. 1924). — Cloches intérieures (*Idem*, oct. 1919). — Cœur et sang (*Idem*, janv. 1925). — Croisée des chemins. — Derniers jours du fort de Vaux. — Ecran brisé. — Fantôme de la rue Michel-Ange. — Jeunesse d'Octave Feuillet (*R. D. M.*, mai 1922). — Lac noir. — Maison (*Idem*, déc. 1912). — Maison morte (*Idem*, déc. 1921). — Mariage (hier et aujourd'hui. — Ménages d'après-guerre. — Neige sur les pas. — Nuit blanche. — Pays natal. — Peur de vivre. — Petite mademoiselle. — Résurrection de la chair. — Robe de laine. — Roquevillard. — Vie de Guynemer. — Vie est un sport. — Yeux qui s'ouvrent. — Yamilé sous les cèdres. — Vie et mort d'un chamois (*R. D. M.*, nov. 1924). — Secret du cèdre (Lamartine en Orient) (*Idem*, juin 1925). — Orient en Marche. Les Druses (*Idem*, sept. 1925).

BORDEAUX (Paule-H.). Lady Stanhope en Orient (*Rev. Paris*, juillet 1924).

BORDEN (Mary). L'Iroquoise (*Rev. hebd.*, sept. 1924).

BORDEU (de). Pages de la vie. — Terre de Béarn (*Rev. hebd.*, août 1915). — Souvenirs du chevalier d'Ostabat (*Idem*, avril 1924).

BOREL et DELTEIL. Probabilités. Erreurs.

BORDIER et CHARTON. Histoire de France.

BORGHESE (Pr. G.). L'Italie moderne.

BORNECQUE et DROUILLY. Notre France en guerre.

BORNECQUE (H.) et LEGROS. Exercices latins.

BORNECQUE (H.) et MORNET. Rome et les Romains.

BORNIER (de). Fille de Roland. — Mahomet (*Corresp.*, avr. 1890).

BORROW. Bible in Spain.

BOSCHOT. Hector Berlioz.

BOSGUERARD (de). Sans mère.

BOSQUET. Ouvrier relieur.

BOSSERT. Littérature allemande.

BOSSIN. Art de cultiver les jardins.

BOSSUET. Oraisons funèbres. — Sermons choisis.

BOST. Homicide par imprudence.

BOTCHKAREVA (Maria). Yashka.

BOTREL. Chansons de chez nous.

BOUANT. Dictionnaire des sciences usuelles. — Dictionnaire des connaissances pratiques. — Problèmes du baccalauréat. — Histoire de l'eau.

BOUASSE. Mécanique rationnelle.

BOUBIER. L'oiseau et son milieu.

BOUCARD. Vie de Paris.

BOUCHARDON. Château de Bitremont (*Rev. France*, mai 1925). — Histoire de l'instituteur Lesnier (*L. P. T.*, fév. 1923). — Brinvilliers du XIXe s. [Hélène Jégado] (*Idem*, juill. 1924). — Collectionneur ingénu [Michel Chasles] (*Idem*, sept. 1924).

BOUCHAUD. Bologne (*Villes d'art célèbres*).

BOUCHE. Côte des esclaves et Dahomey.

BOUCHE-LECLERCQ. Intolérance religieuse et politique.

BOUCHER (H.). Souvenirs d'un parisien pendant la seconde République.

BOUCHER (Dr Louis). Conférence antialcoolique (46 p.). — Rapports au Conseil général, 1916-1917. Alcoolisme. — Fabrication, vente et consommation de l'alcool. — Rapport de la Commission d'études pour déterminer les causes de l'abus de l'alcool dans la Seine-Inférieure, 1915. — Jeanne d'Arc au point de vue médical. — Études sur les travaux et la vie de M. Genevoix. — Notice sur les débuts de Cl.-Nicolas Lecat, 1901. — Jeanne d'Arc et la prétendue abjuration de Saint-Ouen. — Trad. LANG (A.). Pucelle de France.

BOUCHITTE. Poussin, sa vie et son œuvre.

BOUCHOR (J.). Situation comique de J.-W.-K. Hogan (*L. P. T.*, fév. 1921). — Ironie sentimentale.

BOUCHOR (M.). Chansons joyeuses. — Aurore. — Symboles. — Mystères bibliques et chrétiens. — Théâtre à l'école. — Géants (*Revue*, sept. 1917). — Naissance du Bouddha, un acte (*Idem*, mai 1907).

BOUCHOT. Livre. — Lithographie. — Jacques Callot.

BOUDON. Avec Charles Péguy.

BOUGAINVILLE. Voyage autour du monde (*Voyages autour du monde*, I).

BOUGIER. Géographie physique et politique.

BOUGLE (C.). Leçons de sociologie. — Collab. STEED et autres. Les démocraties modernes.

BOUILHET. Œuvres.

BOUILLE (de). Mémoires (*Bibl. des Mém.*, XXI).

BOUILLET. Dictionnaire d'hist. et de géogr.

BOULANGER (Mme). Ouvrages de dames.

BOULE. Géologie. — Paléontologie.

BOULENGER (Jacques). Trad. Paris romantique, par Mrs TROLLOPE. — Grand siècle, 1920 (*Histoire de France, Funck-Brentano*). — Merlin l'enchanteur. Enfances de Lancelot du Lac. — Amours de Lancelot du Lac. Galehaut. — Chevalier à la charrette. Le château aventureux. — Saint Graal. La mort d'Artus. — Animaux de sport. — Collab. THERIVE. Soirées du Grammaire-Club.

BOULENGER (Marcel). Amazone blessée. — Vicomte (*Rev. hebd.*, déc. 1923). — Duc de Morny.

BOUNAT. Le journal de Ti-Ca (*Illustr.*, 1912).

BOUNIOL. A l'ombre du drapeau.

BOUQUET (F.). Jeanne d'Arc au château de Rouen. — Histoire des Eaux de Forges. — Notice sur A. Chéruel.

BOUQUET (M.). Le sire de Chantegrillet.

BOURDEAU (J.). Schopenhauer. Pensées et fragments. — La Rochefoucauld.

BOURDEAU (L.). Histoire de l'alimentation. — Conquête du monde animal. — Conquête du monde végétal.

BOURDET. Heure du berger, 3 actes, suppl. (*Rev. hebd.*, 1922).

BOURDON et COLETTE. Histoire de la Maîtrise de Rouen. — Essai de rythmique grégorienne. — Méthode de chant grégorien.

BOUREL et ROLIN. Commune de Limésy.

BOURGADE LA DARDYE (de). Le Paraguay.

BOURGES. Sous la hache. — Oiseaux s'envolent et fleurs tombent. — La Nef (*Rev. hebd.*, fév. 1922).

BOURGET. André Cornélis. — Anomalies. — Le cœur et le métier. — Cœur pensif ne sait où il va. — *Idem* (*R. D. M.*, nov. 1923). — Complications sentimentales. — Conflits intimes. — Cosmopolis. — Cruelle énigme. — Dame qui a perdu son peintre. — Danseur mondain (*R. D. M.*, mars 1926). — Démon de midi. — Détours du cœur. —

Deuxième amour (*Lect.*, XV, 1891). — Disciple. — Deux sœurs. — Drames de famille. — Duchesse bleue. — Eau profonde. — Echéance. — Ecuyère. — Emigré. — Etape. — Fantôme. — Geôle. — Irréparable. — Justicier (*R. D. M.*, janv. 1919). — Lacs anglais (*Lect.*, XIV) (*R. D. M.*, déc. 1926). — Laurence Albani. — Lazarine. — Mensonges. — *Idem* (*Lect.*, I). — Madame Bressuire (*Idem*, I).. — Monique. — Nemésis. — *Idem* (*R. D. M.*, janv. 1917). — Outre-Mer. — Pastels et eaux-fortes. — Première amie (*Lect.*, X). — Physiologie de l'amour moderne. — Sens de la mort. — *Idem* (*R. D. M.*, août 1915). — Sensations d'Italie. — Soupçon, comédie (*R. D. M.*, oct. 1919). — Terre promise. — Cœur de femme. — Un crime d'amour. — Un divorce. — Un drame dans le monde. — *Idem* (*Idem*, fév. 1921). — Un homme d'affaires. — Une idylle tragique. — Un saint. — Vie passe (*Illustr.*, 1910). — Voyageuses. — Collab. HOUVILLE (Gérard d') et autres. Le roman des quatre. — Micheline et l'amour.

BOURGIN (G.) et BOURGIN (H.). Le socialisme français de 1789 à 1848.

BOURGINE (Ed.) [Paul Vautier]. « Deuz-Amanz » à l'Opéra.

BOURGUIN. Systèmes socialistes et évolution économique.

BOURNAND. Histoire des beaux-arts et des arts appliqués à l'industrie.

BOURTZEFF. Lettre ouverte d'un socialiste russe aux bolcheviks (16 p.).

BOUSQUET et ARMONT. Comédienne, 3 actes (*Illustr. théâtr.*).

BOUSSENARD. Aventures d'un gamin de Paris au pays des lions. — Trésor des rois Cafres. — Tour du monde d'un gamin de Paris.

BOUSSAC DE SAINT-MARC (A.). Loup de Gubbio, 3 actes, suppl. (*Rev. hebd.*, 1922).

BOUTAN. Dissections et manipulations de zoologie.

BOUTARIC. Vie des atomes. — Lumière et radiations invisibles.

BOUTAUD et BŒUF. Droit international privé.

BOUTEILLER. Chauffeurs de la Normandie.

BOUTEILLER (J.-E.). Histoire des théâtres de Rouen.

BOUTEILLER (H.). Histoire des milices bourgeoises et de la garde nationale de Rouen.

BOUTHILLON. T. S. F.

BOUTON. Traité de blason.

BOUTROUX. Science et religion dans la philosophie contemporaine. — Pascal. — L'Allemagne et la guerre (*Pages d'histoire*, fasc. 27). — Morale et religion. — Collab. STEED et autres. Démocraties modernes.

BOUTY. Vérité scientifique.

BOUVIER (A.). Mariage d'un forçat.

BOUVIER (E.-L.). Vie psychique des insectes. — Habitudes et métamorphoses des insectes. — Communisme chez les insectes.

BOUVELET et BRADBY. Barbe-Blonde, 3 actes (*Nouv. Fr. dram.*).

BOUZINAC-CAMBON. Echec et mat (*Rev. hebd.*, nov. 1924).

BOVET (de). Cracovie (*Villes d'art célèbres*). — Ames d'argile. — Plus fort que la vie. — Beau Fernand (*Mode pratique*).

BOVIER-LAPIERRE. Arithmétique simplifiée.
BOXLER. Institutions publiques de la Grèce et de Rome anciennes.
BOYER (P.) et autres. Vie universitaire à Paris.
BOYER (Philoxène). Deux saisons.
BOYLESVE. Enfant à la balustrade. — Leçon d'amour dans un parc. — Mademoiselle Cloque. — Parfum des îles Borromées. — Becquée. — Bonheur à cinq sous. — Carrosse aux deux lézards verts. — Mais, plaisez-moi donc (*Rev. hebd.*, avr. 1921). — Madeleine, jeune femme (*R. D. M.*, déc. 1911). — Tu n'es plus rien (*Idem*, sept. 1916). — Souvenirs du jardin détruit. — Je vous ai désirée un soir. — Azurine (*Rev. hebd.*, août 1926). — Bel avenir.
BRACHET. Grammaire historique française. — Dictionnaire étymologique français.
BRACQUEMONT. Dessin et couleur.
BRADA. Retour du flot.
BRADDON. Locataire de Sir Gaspard. — Femme du docteur. — Intendant Ralph.
BRADLEY. Le Canada.
BRAINNE. Baigneuses et buveurs d'eau.
BRAMSON. Une femme libre. — Un révolté. — Professeur Klenow, 3 actes, suppl. (*Rev. hebd.*, 1923). — Parmi les hommes (*Rev. Paris*, août 1925).
BRANDELY. Galvanoplastie.
BRANLY. Télégraphie sans fil.
BRANTOME. Vies des dames galantes.
BRANTE. Ce qui ne passe pas (*Corresp.*, déc. 1920).
BRAU DE SAINT-POL LIAS. Chez les Atchés (île de Sumatra).
BRAYER. Dictionnaire de police.
BREAL. Essai de sémantique.
BREARD. Pierre Berthelot.
BREART. Gréement et manœuvre des bâtiments à voiles et à vapeur.
BRECHEMIN. Les Poules. — Races de poules domestiques et d'agrément. — Pigeons, pintades, dindons, oiseaux de faisanderie. — Palmipèdes et lapins.
BREHIER (E.). Histoire de la philosophie allemande.
BREHIER (L.). L'Auvergne. — Ed. Histoire anonyme de la première Croisade.
BREHM. Vie des animaux.
BREMOND (Henry). Sainte-Beuve et l'intelligence (*Corresp.*, oct. 1919).
BRENIER. Atlas de l'Indo-Chine française.
BRET. Ephémères.
BRETON. Le plomb. — Maladies professionnelles.
BREUIL. Ecole professionnelle des blessés de guerre à Rouen.
BRIDGES. Dans l'obscur (*L. P. T.*, t. XXI).
BRIEUX. Nièce du docteur (*Lect.*, XXXI). — Avariés. — Berceau. — Maternité. — Suzette (*Illustr. théât.*). — Simone (*Idem*). — Collab. SIGAUX. Déserteuse.
BRILLAT-SAVARIN. Physiologie du goût.
BRINGER. Fine mouche.
BRISSET-BONNETAIN. Contentieux commercial.
BRISSON (P.). Histoire du travail.
BRISSON (A.). Florise bonheur.
BRISSOT. Mémoires (*Bibl. des Mém.*, XXXII).
BROCCHI. Pisciculture des eaux douces.
BRODSKY. Langue russe.
BROGLIE (duc de). Malherbe. — Mémoires (1825-1830) (*R. D. M.*, déc. 1924).
BROGLIE (Em. de). Saint Vincent de Paul.

BRONTE. Jane Eyre.
BROQUERE. Médecine des accidents.
BROSSARD (Ch.). Géographie pittoresque et monumentale de la France : Normandie.
BROSSARD (L.-E.). Correcteur typographe.
BROTHIER. Histoire de la philosophie. — Causeries sur la mécanique. — Histoire de la Terre.
BROUGHTON. Comme une fleur. — De Charybde en Scylla.
BROUSSON. Anatole France en pantoufles.
BRUANT, collab. BERNEDE. Cœur de Française, 5 actes (*Suppl. Monde ill.*, 1912).
BRUCE. Voyage en Nubie et en Abyssinie (*Voyages autour du monde*, VII).
BRUCHARD. Fausse gloire.
BRUCKER. Initiation botanique. — Initiation zoologique.
BRULAT. Eldorado.
BRUNACHE. Centre de l'Afrique.
BRUNET (C.). Curiosités théologiques.
BRUNET (R.). Culture du fraisier.
BRUNETIERE. Histoire de la littérature française. — Etudes critiques sur l'histoire de la littérature française. — Histoire de la littérature française classique. — Honoré de Balzac. — Correspondance inédite avec E.-M. de Vogüé (*R. D. M.*, août 1924). — Madame de La Vallière (*Lect.*, XII). — Un épisode de la vie de Ronsard (*R. D. M.*, mai 1900). — Hippolyte Taine (*Idem*, janv. 1925). — L'Erudition contemporaine [Société des anciens textes] (*R. D. M.*, juin 1879).
BRUNHES. Dégradation de l'énergie.
BRUNON (Dʳ R.). Hygiène infantile. — Edouard Delamare-Deboutteville. — Jeanne d'Arc au Vieux-Marché.
BRUNON (R.). Lettres d'un soldat de la Grande Guerre.
BRUNON-GUARDIA (Mᵐᵉ). Dans l'ombre des clochers. — Haltes au long d'hier et d'aujourd'hui.
BRUNOT. Histoire de la langue française des origines à 1900 : 1. De l'époque latine à la Renaissance. — 2. Seizième siècle. — 3. Formation de la langue classique. — 4. Langue classique. — 5. Français en France et hors de France au XVIIᵉ s. — 7. Propagation du français en France. — La pensée et la langue.
BRUNSCHVICG. Pensées et opuscules de Pascal. — Nature et liberté.
BRUTAILS. Archéologie du moyen âge. — Pour comprendre les monuments de la France. — Expertise judiciaire en écritures.
BRUWAERT. Madame de Grafigny et J.-J. Rousseau (*Rev. hebd.*, août 1924).
BRUYERE (pᵇˢˢᵉ). Les cris du cœur.
BUCHEZ. Formation de la nationalité française.
BUCHNER. Force et matière.
BUCQUOY. Gardes d'honneur du Premier Empire.
BUET. Escalade de Genève.
BUFFON. Œuvres choisies.
BUGIEL. Pologne et Polonais.
BUISSON. Guide français-allemand.
BUISSON (E). Les Bolcheviks.
BUISSON (F.). Dictionnaire de pédagogie.
BULOW (de). Politique allemande.
BULWER-LYTTON. Devereux. — Derniers jours de Pompéi. — Le jour et la nuit. — The last of the barons.
BUNAU-VARILLA. Panama. — Grande aventure de Panama.

BUNOUST. Nonnes au jardin.
BURCKHARDT. Arabie (*Voyages autour du monde*, XI).
BUREAU. Finaud, gars normand.
BURDO (Adolphe). Comment Stanley rejoignit Emin. Pacha (*Lect.*, II). — Stanley, vie, aventures, voyages (*Idem*, VI).
BURNETT (F.). Entre deux présidences.
BURNET (Dʳ E.). — Microbes et toxines.
BURNOUF (E.). La Grèce en 1886 (*R. D. M.*, fév. 1887).
BURNOUF (J.-L.). Méthode de langue latine.
BUSQUET. Poème des heures.
BUSCH. Ed. Mémoires de Bismarck.
BUSSY (de). L'eau ardente.
BUTEAU. Hélène Tchiguirine (*Revue*, nov. 1909). — Les Ignorants (*Idem*, oct. 1910).
BUTTS (M.). Héros.
BUYSSE. Bourriquet. — C'était ainsi.
BYRON. Don Juan (trad. LEHODEY). — Œuvres (trad. PICHOT).
BYRON (command.). Voyage autour du monde (*Voyages autour du monde*, t. I).

C

CABALLERO. Nouvelles andalouses.
CABANES (Dʳ). Au chevet de l'Empereur. — Balzac ignoré. — Cabinet secret de l'histoire. — Curiosités de la médecine. — Enfer de l'histoire. — Folie d'empereur. — Fonctions de la vie. — Fous couronnés. — Indiscrétions de l'histoire. — Mal héréditaire. — Mœurs intimes du passé. — Morts mystérieuses de l'histoire. — Princesse de Lamballe. — Remèdes d'autrefois. — Collab. WITTKOWSKI. Gaietez d'Escupale. — Collab. NASS (L.). Névrose révolutionnaire.
CABROL. Coucher de la Mariée. Hasards de l'escarpolette. Arrivée de l'infante.
CABS. L'amour en peine.
CADOUX. Vie des grandes capitales de l'Europe.
CAGNAT. Véritable Carthage (*R. D. M.*, oct. 1924. — Collab. GOYAU. Antiquités romaines.
CAHIERS alsaciens.
CAHIERS d'une femme de la zone.
CAHU. Soldat français à travers l'histoire. — Oubli (*Illustr.*, 1899). — Georges et Marguerite (*Lect.*, XXV). — Quand on aime.
CAHUET. Roi s'ennuie, 1 acte (*Illustr. théâtr.*). — Masque aux yeux d'or (*Rev. France*, avril 1924).
CAHUN. Hassan le Janissaire.
CAILLAULT. Technologie, ajustage. — Carnets d'atelier d'ajustage.
CAILLAUX et TOUCHARD. Impôts en France.
CAILLE. Développement des industries chimiques en Allemagne et en France pendant la guerre.
CAILLAVET (de) et FLERS (R. de). L'âne de Buridan, 3 actes (*Illustr. théâtr.*, 1909).
CAILLIE. Voyage à Tombouctou (*Voyages autour du monde*, IX).
CAISSE d'épargne de Rouen. Comptes rendus de 1920 à 1923.
CAIX DE SAINT-AYMOUR (de). Pays Sud-Slaves de l'Austro-Hongrie.
CALDERON. La vie est un songe, comédie (*Suppl. Rev. hebd.*).
CALMES. Comptabilité industrielle.

CALMETTE (J.). Société féodale. — Bourgogne.
CALMETTES (P.). A travers les métiers.
CALMON (Mᵐᵉ). Autour du village.
CALS. Belle captive. (*Rev. France*, déc. 1925).
CAMMAERTS. Bellini.
CAMBON. Notre avenir. — Industrie organisée. — Allemagne au travail. — Derniers progrès de l'Allemagne. — Allemagne nouvelle. — Etats-Unis et France. — France au travail.
CAMOENS. Lusiades.
CAMPAN. Mémoires.
CAMPION. Clos de jadis.
CAMY-RENOULT. Côte de Grâce et sa chapelle.
CANADA : Ressources et commerce.
CANAT. Littérature française au xixᵉ s.
CANEL. Blason populaire de la Normandie.
CANONVILLE-DESLYS. Mouvement scientifique industriel et agricole (*Assises de Caumont*, 1896).
CANTEL (A.). Filles du vent.
CANTEL (H.). Impressions et visions.
CANU. Traitement de la tuberculose.
CANUDO. Ville sans chef.
CAPELLE et GAUTHIER. Composition décorative.
CAPITAN. Préhistoire.
CAPUS (A.). Années d'aventures. — Faux départ. — Robinson (*Illustr.*, 1910). — Un ange (*Illustr. théâtr.* 1910). — Deux écoles (*Idem*). — Institut de beauté (*Idem*). — Monsieur Piégeois (*Idem*). — Notre jeunesse (*Idem*). — Passagères (*Idem*). — Traversée (*Idem*). — Vie de théâtre (*Conférence, L. P. T.*, 1914).
CAPUS (G.). L'œuf. — Toit du monde.
CARCO et RICHEPIN. Chercheurs d'or, 4 actes (*L. P. T.*, mars 1923).
CARDELINE. Destinées rivales.
CARDON. Art au foyer domestique.
CARDOT (E). Manuel de l'arbre.
CARDOT (Th.). Prévoyance et Etat.
CAREY. Wee Wifie.
CARNEGIE. Grande-Bretagne jugée par un américain.
CARNOT (H.). Révolution française.
CARO (Mᵐᵉ). George Sand. — Flamen. — Amour de jeune fille. — Aimer c'est vaincre.
CAROL. Deux routes du Caucase.
CARON. Défense nationale de 1792 à 1795.
CARONNET. Problèmes de mécanique.
CARPENTIER. Sauvons-le !
CARRAUD. Métamorphoses d'une goutte d'eau.
CARRE (H.). Haine allemande (11 p.). — Règne de Louis XV, t. VIII (Hist. Lavisse). — Règne de Louis XVI, t. IV (*Idem*). — France sous Louis XV.
CARRE (I.). Mots dérivés du latin et du grec.
CARRE (M.-A.). Nos petits procès.
CARRE (F.). Initiation à la physique.
CARRERE. Impérialisme britannique. — Collab. BOURGIN. Manuel des partis politiques en France.
CARRIERE. Lettres.
CART (Th.). Esperanto. — Vocabulaire français-esperanto.
CARTAULT. Poésie latine.
CASALE. Rose du bocage.
CASANOVA (J.). Société du xviiiᵉ s.
CASANOVA (N.). Le Sanglot.
CASE. Fille à Blanchard.
CASSOU. Harmonies viennoises (*Rev. Paris*, sept. 1926).

CASTELAR. Liberté religieuse.
CASTELBAJAC (c^sse de), Mémoires de l'Occitanienne (*Rev. Fr.*, juillet 1926).
CASTELNAU. Voyage dans l'Amérique septentrionale (*Voyages autour du monde*, t. XII).
CASTILLE. Histoires de ménage.
CASTILLON. Récréations chimiques.
CASTOR. Contes d'Orient et d'Occident.
CATALAN. Notions d'astronomie.
CATHELIN. Nid de l'oiseau.
CATHER. Mon Antonia.
CATLIN. Vie chez les indiens.
CATZEFLIS. Spiritualisme et matérialisme. — Cosmogonie chrétienne et cosmogonie astrologique. — Christianisme et panthéisme.
CAUDEL. Nos libertés politiques.
CAUMONT (Assises de). — Comptes rendus IVe et VIe sessions.
CAUSSE MAEL. Ame d'un canon.
CAUSTIER. Histoire naturelle.
[CAVELL (Miss Edith)]. Sa vie et sa mort.
CAVOUR. Lettres au pr. Napoléon (*R. D. M.*, janv. 1923).
CAYEUX. Sténographie Duployé.
CAYLUS (Mme de). Souvenirs.
CAZALIS. Mélancholia.
CAZAMIAN. Angleterre moderne. — Grande-Bretagne et la guerre. — Collab. LEGOUIS. Histoire de la littérature anglaise. — Collab. SCHWEITZER. English reader.
CAZIN. Forces physiques. — Chaleur.
CAZIN (Mme). Petit chevrier. — Drame dans la montagne.
CAZOTTE. Diable amoureux.
CE et GAUMENT. C'est la vie. — Chandelles éteintes. — Grand'route des hommes. — Largue l'amarre.
CEARD. Une belle journée.
CELANO. Sainte Claire d'Assise.
CELARIE. Otages civils (16 p.). — Au désert (*Rev. hebd.*, août 1924).
CENAC MONCAUT. Caractère et esprit français.
CELNART. Fleuriste artificiel.
CERE. Petits patriotes.
CERFBERR DE MEDELSHEIM. Lutte financière entre les belligérants (*Pages d'hist.*, n° 162).
CERFBERR (G.). Histoire romanesque (*Revue mond.*, sept. 1920).
CERNE (D^r). Inondations du sous-sol de Rouen.
CERMOISE. Une fantaisie de M^ss Clarker.
CERVANTES. Don Quichotte.
CESAR. Guerre des Gaules.
CHABANNES. Défroqués.
CHABOT. Brins d'herbe.
CHABROL. L'offensive (*Illustr.* 1903-04).
CHACK et FARRERE. Drame de Penang (*Rev. France*, juill. 1924). — Epopée de Tahiti (*R. D. M.*, sept. 1924). — Combat de Coronel (*Rev. Paris*, déc. 1924). — Mort de l'Emden (*Rev. France*, janv. 1925). — Bataille des Falkland (*Rev. de Paris*, janv. 1925). — Mare amarissino (*Rev. de France*, fév. 1926).
CHADOURNE. Inquiète adolescence. — Pot au noir (*Rev. hebd.*, juin 1922).
CHAILLEY. Tu seras commerçant. — Collab. SAY. Dictionnaire d'économie politique.
CHAINE. Mémoires d'un rat. — Collab. LORDE (de). Petite Roque (*Monde ill.*, 1911).
CHALLAMEL. Souvenirs d'un hugolâtre.
CHAMBONNAUD. Technique des affaires.

CHAMFORT. Œuvres.
CHAMPEAUX (de). Le meuble.
CHAMPENDAL. Petit manuel des mères (64 p.).
CHAMPFLEURY. Hôtel des commissaires priseurs. — Histoire de la caricature antique. — *Idem* au moyen âge. — De la réforme à Louis XIV. — Moderne. — Bourgeois de Molinchart. — Oies de Noël. — Succession Le Camus. — Chien Caillou. — Usurier Blaizot. — Lettres inédites (*Rev. mond.*, déc. 1919).
CHAMPSAUR. Rien qu'une passade.
CHANAT. Manuel de l'ouvrier relieur.
CHANCRIN. Viticulture moderne.
CHANOINE-DAVRANCHES. Vie sociale pendant la première partie de la Révolution. — Ligue et ses libelles (104 p.). — Maréchal et marquise d'Ancre (184 p.). — Dépense de la maison du roi sous Louis XV (95 p.). — Conditions légales et histoire du délit de mendicité. (47 p.). — Droit de chasse (56 p.). — Fief d'Avrilly et ses seigneurs.
CHANSON (La) de ROLAND. Ed. Bedier.
CHANTEPLEURE. Ames féminines. — Aventure d'Huguette. — Baiser au clair de lune. — Passagère. — Ma conscience en robe rose. — Fiancée d'avril. — Sphinx blanc. — Ruines en fleur. — Inconnue bien-aimée.
CHAPLET (A.). Industries chimiques modernes. — Recettes de la maison; du laboratoire; de la campagne; sportives; de l'atelier.
CHAPLOT. Théorie et pratique des jeux d'esprit.
CHAPUIS. Préparation militaire.
CHAPUS. De Paris à Rouen et au Havre.
CHAPUT. Journal d'un « as » (*L. P. T.*, t. XX).
CHARASSON. Grigri.
CHARAVAY. Général de Lafayette.
CHARDIN. Voyage en Perse (*Voyages autour du monde*, t. X).
CHARDON. Administration de la France, les fonctionnaires. — Organisation de la République nouvelle.
CHARDONNE. Epithalame.
CHARLES-ROUX (J.). Jubilé de Mistral.
CHARLIER-MENIOLLE. L'Assemblée des notables à Rouen en 1596.
CHARMES. Voyage en Syrie (*R. D. M.*, mai 1881.
CHARRIAUT et AMICIGROSSI. L'Italie en guerre. — Belgique moderne.
CHARLOTTE-ELISABETH, mère du Régent. Mémoires (*Bibl. des Mém.*, t. I).
CHARPENTIER. Beauté du devoir.
CHARPENTIER (J.) et BERTIN (R.). Associations déclarées.
CHARPENTIER (G.). Louise, 4 actes.
CHARPENTIER (L.). Epopée de la vieille Ecosse.
CHARPENTIER (P.-G.). Microbes.
CHARTON. Histoire de France.
CHASLES. Allemagne au XIXe siècle.
CHASSANG. Dictionnaire grec-français.
CHATEAUBRIAND. Mémoires d'outre-tombe. — Analyse de l'histoire de France. — Œuvres complètes. — Lectures des mémoires de Chateaubriand. — Lettres (*La Revue*, juin 1907). — Lettres à la comtesse de Castellane (*Rev. de Paris*, août 1925).
CHATEAUBRIANT (A. de). Monsieur de Lourdines. — Brière.

CHATEN (A.). Haltes.

CHATILLON. Poésies.

CHAUTARD et MALEPEYRE. Manuel du limonadier.

CHAUVEAU. Derrière la bataille.

CHAUVET. — Normandie ancestrale. — Coutances.

CHAVETTE (Eugène). — Nous marions Virginie. — Chambre du crime. — Petits drames de la vertu. — Veuve Rossignol. — Cléopâtre. — Saucisson à pattes. — Bêtises vraies. — Petites comédies du vice.

CHAVIGNY. Organisation du travail intellectuel.

CHAVIGNY (Dr). Psychologie de l'hygiène.

CHAZEL. Riquette.

CHEKRI-GANEM. Antar (Illustr. théâtr.).

CHEMIN et VERDIER. Houille et ses dérivés.

CHENEVIERE (A.). Pour elles. — Femme d'officier (Lect., XVII).

CHENEVIERE (J.). Elsie (Rev. hebd., déc. 1920). — Jouvence ou la Chimère (Idem, fév. 1922).

CHENIER (A.). Œuvres en prose. — Œuvres poétiques. — Poésies.

CHENIER (M.-J.). Poésies.

CHENU (Ch.-M.). Totoche.

CHENU (Dr). Encyclop. d'hist. naturelle.

CHERAU. Part du feu. — Flambeau des Riflault. — Valentine Pacqault.

CHERBULIEZ. Roman d'une honnête femme. — Gageure. — Vocation du comte Ghislain. — Prosper Randoce. — Aventure de Ladislas Bolski. — Paule Méré. — Revanche de Joseph Noirel. — Profils étrangers. — Meta Holdenis. — Miss Rovel. — Noirs et rouges. — Après fortune faite. — Ferme du Choquart. — Olivier Maugan. — Bête. — Samuel Brohl et Cᵒ. — Comte Kostia. — Bel Edouard (Lect., XXIX). — Le roi Apépi (Idem, XIII). — Prince Vital (R. D. M., juill. 1863). — Grand œuvre (R. D. M., juill. 1866). — Téterol (R. D. M., mai 1878). — Fiancé de Mˡˡᵉ Saint-Maur (R. D. M., janv. 1876). — Jaquine Vanesse (R. D. M., déc. 1897).

CHERIF (Caïd ben). Aux villes saintes de l'Islam.

CHERVILLE. Contes d'un coureur des bois. — Aventures d'un chien de chasse. — Contes d'un buveur de cidre. — Piaffeuse. — Vie à la campagne.

CHESNEAU. Peinture anglaise.

CHEVRILLON. Pensée de Ruskin. — Etudes anglaises. — Angleterre et la guerre. — Dans l'Inde. — Terres mortes. — Sanctuaires et paysages d'Asie. — Crépuscule d'Islam. — Au pays breton (R. D. M., juill. 1920). — Poésie de Rudyard Kipling (R. D. M., avril 1920).

CHILDE. Hiver au Caire.

CHILDERS. Enigme des sables. — Terreur en Irlande.

CHILE (Impreso por el gobierno).

CHOISY. Histoire de l'architecture.

CHOSSON. Pays de Caux.

CHRISTOPHE. Monographie de Legrincheux. — Sapeur Camembert. — Savant Cosinus. — Plick et Plock. — Famille Fenouillard.

CHRYSSOCHOIDES (N.). Fondeur de fer et de cuivre. — Maître de forges. — Manuel du limonadier.

CHUQUET. Jeunesse de Napoléon. — J.-J. Rousseau. — Guerre 1870-71. — Assassin

de Henri III (Rev. Paris, sept. 1924). — Dames d'autrefois (Revue, janv. 1912).

CICERON. Pensées.

CIGOGNE. Ouvrages d'art. — Croquis à main levée.

CIM (Albert). Mademoiselle Cœur d'Ange. — Livre. — Mystificateurs et mystifiés célèbres (Revue, sept. 1913).

CIRCULATION. Décret sur la police de la circulation et du roulage (Code de la Route).

CLADEL. Général Galliéni.

CLAIRON (Mˡˡᵉ). Mémoires (Bibl. des Mém., t. VI).

CLAPAREDE. Comment diagnostiquer les aptitudes chez les enfants.

CLAPIER. Serbie légendaire.

CLARAC et WINTWEILLER. Lectures allemandes.

CLARETIE (J.). Peintres et sculpteurs contemporains. — Monsieur le Ministre. — Sang français. — Maison vide. — Journées de vacances. — Prince Zilah. — Noris. — Pierrille. — Million. — Amours d'un interne. — Brichanteau célèbre. — Jean Mornas. — Petit Jacques. — Ma candidature à l'Académie (Rev. France, mai 1924).

CLARETIE (Léo). Les jouets. — Héros de la Yellowstone. — Cadet-la-Perle.

CLAUDE. Electricité.

CLAUDIN. Joyeuses commères de Paris.

CLAVEAU. Nouvelles contemporaines.

CLAVIE. Réorganisation de la lecture publique.

CLEDAT. Rutebeuf. — Vocabulaire latin.

CLEMENCEAU (G.). Discours de Strasbourg, 4 nov. 1919. (32 p). — Grand Pan. — Au pied du Sinaï. — Démosthène.

CLEMENCEAU-JACQUEMAIRE (Mᵐᵉ). Les Tourtisseaux (Rev. de France, oct. 1925).

CLEMENT (A.-L.). Apiculture moderne.

CLEMENT (F.). et LAROUSSE. Histoire des opéras.

CLERC (A.). Gardant l'amour.

CLERC-RAMPAL. La mer.

CLERMONT. Laure. — Idem (R. D. M., mars 1913).

CLERY. Famille royale au Temple. — Mémoires (Bibl. des Mém., t. IX).

CLIFTON (E.) et LAUGHLIN. Dictionnaire anglais.

CLOQUET. Artistes wallons.

CLOSSET. Travail artistique du cuir.

CLOT. Contes d'Outre-Manche.

CLOUZOT. Philibert de l'Orme.

CLUZEL. Conseils de prud'hommes.

COBLENTZ, collab. BABIN. Port de Rouen.

COCHINAL. Système Prévost-Delaunay.

COCHIN (A.). Lettres (R. D. M., fév 1926). — Idem (Rev. hebd., avr. 1926).

COCHIN (D.). Jeunesse de Louis-Philippe (R. D. M., déc. 1917).

COCHUT (P.-A.). Law, son système.

COCTEAU. Thomas l'imposteur.

CODES. Code civil expliqué (Rogron). — Code civil complet et lois usuelles complémentaires. — Code de commerce et lois complémentaires. — Code des usages locaux du département de la Seine-Inférieure. — Code du divorce et de la séparation de corps (Curet). — Code international de signaux. — Code du travail et de la prévoyance sociale (G. Griolet). — Code civil (Rivière). — Code pénal et d'instruction criminelle (Tripier). — Code de commerce (Rivière).

CODEX medicamentarius gallicus.

CODRON (C.)., collab. DEJONC (E.). Mécanique pratique.

COGORDAN. Joseph de Maistre.

COIGNET. Cahiers, publ. p. L. Larchey.

COLLETTE (Willy). Paix chez les bêtes. — Maison de Claudine. — Retraite sentimentale. — Vrilles de la vigne. — Fin de chéri (*Rev. de Paris*, janv. 1926).

COLIN (E.). Alsace et Lorraine à travers l'histoire de France.

COLIN (J.). Transformations de la guerre. — Grandes batailles de l'histoire.

COLLAS. Histoire de l'Empire ottoman.

COLLE. Vérité dans le vin (*Bibl. des Mém.*, t. IV).

COLLET. Méthode de langue espagnole.

COLLETTE (abbé) et BOURDON (abbé). Histoire de la Maîtrise de Rouen.

COLLIGNON. Mythologie de la Grèce. — Archéologie grecque. — Scopas et Praxitèle.

COLLIER. Premiers principes des beaux-arts.

COLLIN D'HARLEVILLE. Théâtre.

COLLINS. Philosophie de Herbert Spencer.

COLMET DE SANTERRE. Manuel de droit civil.

COLOMA (Luis). Bagatelles (*Lect.*, XXVIII).

COLOMB (Christophe). Voyages de Christophe Colomb (*Voyages autour du monde*, XII).

COLOMB (G.). Enseignement scientifique, cours moyen. — *Idem*, cours supérieur. — Énigme d'Alésia, 1922.

COLOMB (C.). Musique.

COLOMBEY. Histoire du duel.

COLONIES. Voir : BASSIÈRES, Guyane. — FAMECHON, Guinée. — FONSAGRIVES, Dahomey. — HENRIQUE. Océan Pacifique. — GUESDE, Madagascar. — LANDES, Martinique. — NICOLAS. Indo-Chine. — GRANIER, Madagascar. — GRAND-ADAM.

COLROY. Troupeau de Neptune (*L. P. T.*, déc. 1924).

COLSON (A.). Essor de la chimie appliquée.

COLSON (C.). Organisme économique et désordre social.

COMBARIEU. Musique.

COMBAT (F.). Impôts cédulaires.

COMBE (D^r Ad.). Comment se nourrir en temps de guerre.

COMBE (Ed.). Chefs-d'œuvre du répertoire.

COMBES (Louis). Grèce ancienne.

COMBETTE (E.) et GIROD (J.). Leçons de mécanique.

COMETTANT. Pays des Kangourous.

COMMINES. Mémoires. — Extraits.

COMMISSIONS. Rapports de la Commission chargée de constater les violations du droit des gens. — Commission de préservation contre la tuberculose en France. — Commission d'enquête américaine sur... l'Irlande.

COMPAYRE (G.) et DELPLAN. Lectures morales.

COMPIÈGNE. Afrique équatoriale.

COMTE. Philosophie positive. — Système de politique positive.

CONARD. Falkenhayn, Hindenburg, Ludendorf.

CONDILLAC. Essai sur l'origine des connaissances humaines.

CONFÉRENCE médicale tenue à Cannes, avril 1919. Rapports.

CONFÉRENCES (Société des). Bazin, Moindre effort. — Beaunier, Souvenirs d'après-guerre. — Capus, Vie de théâtre. — Dounay. Alfred de Musset. — Doumic, Saint Simon. — Flers, Victorien Sardou intime. — Hallays, Souvenirs d'Alsace. — Haussouville (d'). Madame de Staël à Berlin. — Hyde. Littérature française aux Etats-Unis. — Masson, Les Goncourt. — Richepin. Souvenirs des funambules. — Ségur, Duel et mort de Pouchkine. — Roujon. Joachim Lebreton (suppl. *L. P. T.*, 1914).

CONFERENCIA. Journal de l'Université des Annales, 1924 et suiv.

CONGRES normand de l'hygiène sociale et de la mutualité. Rouen, juillet 1921.

CONKLIN. Hérédité et milieu.

CONRAD. Typhon. — Une victoire. — Hôte secret (*Rev. France*, août 1924). — Jusqu'au bout de la chaîne (*Rev. hebd.*, fév. 1924). — Jeunesse (*Rev. de Paris*, mai 1925). — Flèche d'or (*R. D. M.*, août 1926).

CONSCIENCE. Gentilhomme pauvre. — *Idem* (*R. D. M.*, janv. 1854). — Voleuse d'enfant. — Tribun de Gand. — Sang humain. — Démon de l'argent.

CONSIDÉRANT. Considérations sur l'architectonique.

CONSTANT (B.). Adolphe. — Lettres inédites (*Rev.*, mai 1904).

CONTEMPORAINE (*Revue*, 1901-1902).

CONTES. Contes du palais. — Contes véridiques des tranchées. — Nouveaux contes véridiques des tranchées.

CONTI (Guide). Londres en poche. — Belgique.

CONWAY. Ascensions dans l'Himalaya.

COOK. Voyages autour du monde. — Voyage au pôle austral. — Troisième voyage (*Voyages autour du monde*, II, III, IV, V).

COOK (Th.). Pourquoi la Grande-Bretagne est en état de guerre. — Story of Rouen.

COOLUS. Une femme passa (*Illustr. théâtr.*). — Cœur à cœur (*Idem*). — Petite peste (*Monde illustré*). — Quatre fois sept. vingt-huit (*Idem*). — Bleus de l'amour (*Idem*, 1911). — Roses rouges (*Idem*, 1915). — Amour buissonnier (*Idem*, 1914).

COOMARASWAMY. Danse de Civa.

COOPER. Pilote. — Lionnel Lincoln. — Dernier des Mohicans. — Pionniers. — Prairie. — Corsaire rouge. — Espion. — Précaution. — Puritains d'Amérique.

COOPERATION agricole et les encouragements de l'Etat (4 p.).

COPEAU et CROUE. Frères Karamazov (*Illustr. théâtr.*).

COPPÉE. Poésie. — Théâtre. — Idylle pendant le siège. — *Idem* (*Lect.*, X). — Vingt contes nouveaux. — Contes rapides. — Toute une jeunesse. — Longues et brèves. — Coupable. — Vrais riches. — Contes en prose. — Etude précéd. l'*Oiseau* de Michelet. — Henriette (*Lect.*, XVIII). — Mariages manqués (*Idem*, XVI). — Lettres à Stéphane Mallarmé (*R. D. M.*, oct. 1923). — Poèmes inédits (*R. D. M.*, mars 1911). — Lettres à sa mère et à sa sœur (*Idem*, juillet 1911). — Souvenirs d'un Parisien. — Bonne souffrance.

COQUATRIX. Ma Normandie.

COQUIOT. Chariot errant.

CORANCEZ. Mémoires (*Bibl. des Mém.*, t. XXXVI).

CORBIN (Ch.). Vertige.

CORBON. Enseignement professionnel.
CORCOS. Art de parler en public.
CORDAY. Vénus ou les deux risques. — Embrasés. — Demi-fous. — Charme. — Mémoire du cœur (*Illustr.*, 1906). — Frères Jolidan. — Mariés jeunes. — Feux du couchant. — Amour opprimé. — Notre masque. — Révélées.
CORDIER (Henri). Invasion mongole au moyen âge (*Pages d'histoire*, 7e série, fasc. XXII). — Chine.
CORNEILLE. Théâtre. — Cent poésies. — Œuvres complètes.
CORNELISSEN. Conséquences économiques d'une paix allemande (16 p.). — Dessous économiques de la guerre (*Pages d'histoire*, fasc. 54).
CORNELIUS NEPOS. Grands capitaines.
CORNETZ. Explorations et voyages des fourmis.
CORNULIER-LUCINIERE. Prise de Bône et Bougie.
COROT. Ville en sang (*Revue*, juin 1913).
CORRE. Ethnographie criminelle.
CORREARD. France sous le Consulat.
CORRESPONDANT (Le). Années 1889 à 1892, 1904 à 1926.
CORROYER. Architecture gothique. — Architecture romane.
CORTEZ. Conquête du Mexique (*Voyages autour du monde*, t. XII).
CORTHIS. Félice (*R. D. M.*, oct. 1919). — Madame Firmin (*Idem*, déc. 1917). — Pour moi seule (*Idem*, juillet 1919). — Le criminel (*L. P. T.*, juin 1921). — Mystère des trois Gours (*Idem*, sept., 1920). — Egarée (*R. D. M.*, 15 fév. 1923). — La belle et la bête (*Rev. Paris*, déc. 1925). — Yeux qui savent (*L. P. T.*, août 1926).
CORVAL. Contes en vers du Révérend Père Grisbourdon.
COSNARD. Tumulus.
COSTANTIN. Origine de la vie sur le globe.
COSTE (A.). Alcoolisme ou épargne. — Richesse et bonheur.
COSTE (E.). Instituteur et officier dans la nation. — Education physique en France.
COSTE et FLANDIN. Voyage en Perse.
COTTEAU. De Paris au Japon. — Un touriste dans l'Extrême-Orient. — En Océanie.
COUE. Maîtrise de soi-même.
COULEVAIN. Eve victorieuse. — L'isle inconnue.
COUPAN. Machines de récolte.
COUPIN. Vie dans les mers. — Amateur de coléoptères. — Animaux de nos pays. — Album génér. des cryptogames.
COURCELLE-SENEUIL. Comptabilité.
COURIER. Lettres de France et d'Italie. — Pamphlets et opuscules littéraires.
COURMONT et DERMEE. Affaires et l'affiche (*Technique des affaires*, t. VIII).
COURTELINE. Balances. — Lidoire et la Biscotte. — Ah! jeunesse... — Messieurs les ronds-de-cuir. — Gaietés de l'escadron. — Boubouroche. — Les linottes. — Un client sérieux.
COUSIN (L.). Vie et doctrine du Sillon.
COUSIN (V.). Du vrai, du beau et du bien. — Jacqueline Pascal. — Duchesse de Longueville (*R. D. M.*, juillet 1851). — Duchesse de Chevreuse (*Idem*, oct. 1855).
COUSIN et SERRES. Chimie, physique, mécanique et métallurgie dentaires.
COUSSANGE. Scandinavie.

COUSTET. Photographie en noir et en couleurs. — Cinéma.
COUTANT. La Marseillaise.
COUTRAS. Tribulations d'un auxiliaire.
COUYBA. L'art à l'école.
COVILLE (A.). Premiers Vallois et guerre de Cent ans, t. IV (I) (*Hist. de Lavisse*). — Etats de Normandie.
CRADOCK. La vie française à la veille de la Révolution.
CRASTRE. Argentine moderne.
CREBILLON Rhadamiste et Zénobie (*à la suite de Rotrou*).
CREIGHTON. Histoire romaine.
CREPIEUX-JAMIN. Bases fondamentales de la graphologie. — Ecriture et caractère. — Eléments de l'écriture des canailles. — Age et sexe dans l'écriture.
CRIMES des barbares (32 p.).
CRISTAL. Délassements du travail.
CROISE et LABOUNOUX. Agriculture dans la Seine-Inférieure.
CROISET (A.). Education morale dans l'Université. — Démocraties antiques.
CROISET (M.). Civilisation hellénique.
CROISSET (Fr. de). Théâtre.
CROIX-ROUGE française. Manuel de l'infirmière hospitalière.
CROSS. Night of temptation.
CROUE. Frères Karamazof, 5 actes (*Illustr.*, 1911).
CROUVEZIER. Aviation pendant la guerre. — Guerre aérienne (*Pages d'histoire*, fasc. 98, t. XXXII).
CROUZET (P.). Grammaire latine. — Collab. ABRY et AUDIC, Hist. littérat. française. — Collab. BERTHET, Méthodes de version latine et de thème.
CROZALS. L'unité italienne.
CRUET. Vie du droit et impuissance des lois.
CRUVEILHIER. Hygiène générale.
CUEZ (André). L'homme fragile (*Rev. hebd.*, avr. 1925).
CURCHOD. Installations électriques.
CUREL (de). Théâtre complet. — Sauvetage du Grand Duc (*Lect.*, XXVII).
CURET. Code du divorce et de la séparation de corps.
CURNIER. Jeunesse d'Ozanam.
CURWOOD (J.-O.). Nomades du Nord (*Rev. France*, oct. 1924). — Piège d'or (*L. P. T.*, déc. 1923). — Bari, chien-loup.
CUSSON. Dictées sur le départ. de la Seine-Inférieure (*Etudes locales*, avril 1913). — Lectures sur le départ. de la Seine-Inférieure et la Normandie (*Etudes locales*, avril 1914).
CUYER (Ed.) collab. DUVAL (Math.). Histoire de l'anatomie plastique.

D

D*** (F.). Démocratie et protection.
DAIREAUX (Emile). Vie et mœurs à La Plata. — Contes de la Pampa (*Illustr.*, 1913).
DALLOZ (Manuels). Petit dictionnaire de droit. — Guerre de 1914. Documents officiels. — Manuel électoral.
DALSEME. Conspirations sous la Commune.
DALLET. Navigation aérienne.
DALY (César). L'architecture privée au XIXe s. Trois séries : Hôtels, Villas, Maisons.
DAMEDOR. Pont du diable.

DAMIEN. Petit atelier d'un amateur. — Comment traiter les métaux par le tour. — A la main. — A la machine. — Comment travailler le bois.

DANE. First the blade.

DANGUY (J.). Constructions rurales.

DANGUY (L.). Les agents d'affaires (59 p.).

DANRIT. Robinsons de l'air. — Robinsons sous-marins. — Invasion jaune. — Aviateur du pacifique. — Invasion noire. — Guerre maritime et sous-marine. — Guerre de demain. — Guerre de forteresse. — Guerre en rase campagne. — Guerre en ballon. — Invasion jaune. — Guerre souterraine. — Guerre en ballon. — Alerte. — Guerre de demain.

DANTE. Divine comédie.

DANTES. Tablettes chronologiques.

DANTON. Choix de discours (Orateurs de la Révolution).

DANVILLE. Vers la mort.

DANY. Manuel des opérations commerciales.

DAPUS. Un ange (Illustr. théâtr.).

DARCEL. Excursion en Italie. — A Malte. — En Espagne.

DARGENE. Feu à Formose.

DARIES. Notions d'hydraulique.

DARMESTETER (A.). Vie des mots. — Collab. HATZTFELD. Dictionnaire de la langue française.

DARMESTETER (J.). Shakespeare.

DARMESTETER (Mary). Froissart.

DARWIN Descendance de l'homme. — Origine des Espèces.

DARYL. A Londres. — Vie publique en Angleterre. — Yacht. — Equitation moderne. — Sport de l'aviron. — Vélocipédie pour tous. — Jeux de balle et de ballon. — En yacht.

DARZENS. Initiation chimique.

DASH. Aventures d'une jeune mariée. — Fée aux perles. — Jolie bohémienne.

DASTRE. La vie et la mort.

DAUBENTON et MAUDUIT. Dictionnaire d'histoire (Encycl. méthod., t. LI à LIII). — Dict. d'ichthyologie (Encycl. méth.).

DAUCHY. Collab. PHILIPPE. Algèbre.

DAUDET (A.). Arlésienne. — Amoureuses. — Belle Nivernaise. — Contes du lundi. — Evangéliste. — Idem (Lect. XXI). — Fédor. — Fromont jeune et Risler aîné. — L'immortel. — Idem (Lect V.). — Jack. — Lettres de mon moulin. — Nabab. — Notes sur la vie. — Numa Roumestan. — Petit chose. — Petite paroisse. — Port-Tarascon. — Idem (Lect. XVI). — Robert Helmont. — Rois en exil. — Rose et Ninette. — Sapho. — Souvenirs. — Soutien de famille. — Tartarin de Tarascon. — Idem (Lect. XII). — Tartarin sur les Alpes (Idem, Lect XV). — Trésor d'Arlatan. — Trente ans de Paris.

DAUDET (E.). Héritage des Kerlouan. — Le mari. — Martyr d'amour. — Rolande et Andrée. — Victimes de Paris. — Alexandre III, 1881-94 (R. D. M., nov. 1918). — Chronique de nos jours. — Drame d'amour à la cour de Suède (R. D. M., juill. 1912). — Bourbons et Russie pendant la Révolution française. — Police politique. 1815-20. — Soixante années du règne des Romanoff (R. D. M., fév. 1918). — Souvenirs de mon temps (Corresp., août 1920). — Souvenirs avec lettres d'Emile Ollivier (Idem, mars 1921).

DAUDET (L.). — Souvenirs de 1880 à 1908 : I. Fantômes et vivants. — II. Devant la douleur. — III. Entre deux guerres. — IV. Salons et journaux. — V. Au temps de Judas. — Bonheur d'être riche. — Cœur et absence. — Deux étreintes. — Drame des Jardies. — Fausse étoile (Corresp., juill. 1913). — Herédo. — Kamtchatka. — Primaires (Corresp., avr. 1906). — Mésentente. — Morticoles. — Voyage de Shakespeare.

DAUDET (Lucien). Impératrice Eugénie (Revue, oct. 1911).

DAUMAS (général). Mœurs et coutumes de l'Algérie, 1853. — Grand désert.

DAUNOU. Mémoires (Bibl. des Mém., t. XII.)

DAUTRIN (Elie). Envolée.

DAUZAT. Vie du langage. — Philosophie du langage. — Noms de personnes. — Géographie linguistique. — Régions géographiques (Nature, 15 sept. 1914). — Français d'avant-garde (La Revue, sept. 1907). — Noms de lieux.

DAUZET. Histoire de la guerre.

DAVID (F.). Mainville.

DAVID BEY. Langue arabe. — Langue serbe. — Langue roumaine.

DAVIGNON. Jean Swaluc (Rev. hebd., fév. 1919. — Bateau de plaisance (Rev. hebd., juillet 1922). — Pénitent de Furnes (Rev. hebd., fév. 1925).

DAVY (Hymphry). Derniers jours d'un philosophe.

DAVY (G.). Eléments de sociologie.

DAZINCOURT (J.-B.-B.). Mémoires (Bibl. des Mém., t. VI).

DEBERLE. Histoire de l'Amérique du Sud.

DEBERLY. Supplice de Phèdre.

DEBERLY (G.). Chauffage et ventilation des bâtiments industriels (Technique mod. suppl., fasc. 2).

DEBIDOUR (A.). Rapports de l'Eglise et de l'Etat en France de 1789 à 1870.

DEBONLIER (G.) et MALEPEYRE. Bronzage des métaux et du plâtre.

DEBOUNY. Cœur de l'homme.

DEBOVE et PLICQUE. Mémoires et journaux.

DEBROL. Route choisie (Corresp., sept. 1907).

DECAEN (Général). Mémoires et journaux.

DECK. La faïence.

DECOMBE (L.). Célérité des ébranlements de l'éther.

DECOURCELLE. Fanfan.

DEDET. Football rugby.

DEFRANCE. Eclairage des rues de Paris.

DEGLOS. Guide des propriétaires, locataires ou fermiers.

DEGRANDCHAMP. Olla-Podrida.

DEHARME. Merveilles de la locomotion.

DEHERAIN. Dans l'Atlantique. — Cap de Bonne-Espérance. — Expansion des Boers au XIXe siècle. — Soudan égyptien sous Méhémet Ali.

DEJONC (Eug.) et CODRON (C.). Mécanique pratique.

DELABORDE. La gravure.

DELABOST (Dr). Propreté corporelle.

DELACOURTIE (E.) collab. MABILLEAU. Instruction civique.

DELAFOSSE. Noirs de l'Afrique.

DELAGE et GOLDSMITH. Théorie de l'évolution. — Parthenogenèse naturelle et expérimentale.

DELAHACHE. Cathédrale de Strasbourg. — Strasbourg (Villes d'art célèbres).

DELAPORTE. Banque. — Lecture du bilan.

DELAQUYS. Beau couchant (*Illustr.*, 1908-09).

DELAROA. Patenôtres d'un surnuméraire.

DELARUE-MARDRUS. Acharnée. — Cancre. —Deux amants. — Douce moitié. — Ex-voto. — Inexpérimentée. — Marie, fille mère. — Tout l'amour. — Roman civil en 1914. — Par vents et marées. — Souffles de tempête. — Toutoune et son amour. — Pain blanc. — Mère et fils. — Cigale. — Sainte Thérèse de Lisieux. — Graine au vent.

DÉLAURIER. Chansons d'un invalide.

DELAY. Marmite norvégienne.

DELBET (P.). Science et réalité.

DELEAGE. Haïti en 1886.

DELESQUES. Poèmes normands.

DELEVEAU. Matière et ses transformations.

DELILLE, trad. VIRGILE. Enéide. — Morceaux choisis (*Petits poètes du XVIII⁰ s.*).

DELISLE. Robillard de Beaurepaire (38 p.).

DELLY. La chatte blanche.

DELMAS et BOLL. Personnalité humaine.

DELON (C.). Histoire d'un livre. — Adapt. FLAMMARION : Petite astronomie descriptive.

DELORD et JOURDAN. Célébrités du jour.

DELORME. Edit. Poètes de la guerre (*Pag. d'hist.*, fasc. 41, t. XXIV).

DELORY, GHESQUIERE et INGHEL. Atrocités allemandes à Lille.

DELPIT. Fils de Coralie.

DELPLAN, collab. COMPAYRE. Lectures morales et civiques.

DELPLANQUE (A.) et DIMNET. Latine de Romanis.

DELPY, collab. PLANTET. Colonies de vacances.

DELTEIL, collab. BOREL (E.). Probabilités, erreurs.

DEMAISON (A.). Reine de l'ombre (*R. D. M.*, nov. 1924). — Oiseaux d'ébène (*L. P. T.*, mars 1925). — Madagascar (*R. D. M.*, mars 1926).

DEMAISON (L.). Cathédrale de Reims.

DEMANGEON. Dictionnaire de géographie. — Empire britannique.

DEMEUNIER. Dictionnaire d'économie politique et diplomatique (*Encycl. méth.*, t. XXIX à XXXII).

DEMOGEOT. Histoire littéraire française.

DEMOLINS. Français d'aujourd'hui.

DEMONGE (G.) [Maîtr' Arsène]. Terreux.

DEMONGEOT. Citoyen et soldat.

DEMOULIN. Roman d'un apprenti.

DENIS. Question d'Autriche. Les Slovaques. — Allemagne, 1789-1810. — Confédération germanique, 1810-1852. — Collab. DURKHEIM. Qui a voulu la guerre ? (68 p.).

DEONNA. Lois et rythmes dans l'art. — Archéologie.

DEPARDIEU (Ps. Baron de MAUNY). Anna.

DEPERET. Transformations du monde animal.

DEPITRE. Toile peinte en France aux XVII⁰ et XVIII⁰ s.

DEPLANQUE. Tenue des livres.

DEPPING (G.). Le Japon.

DEPPING (G.-B.). Merveilles de la nature en France.

DEPRE. Mémoires d'un jeune observateur.

DEQUIDT. Statut des familles nombreuses.

DERENNES. La chauve-souris (*Rev. hebd.*, nov. 1921). — Vie de Grillon. — Emile et les autres.

DERIES. Comment élever la démocratie. — Journal d'une institutrice.

DERNIERE lettre écrite par des soldats français tombés au champ d'honneur.

DERMEE et COURMONT. Affaires et affiche (*Technique des aff.*, VIII).

DEROULEDE. Chants du soldat.

DERYS. Amant des vierges.

DES ARNEAUX. Passé de l'oncle Jean (*R. D. M.*, mai 1915).

DESAUGIERS. Chansons. — Théâtre.

DESBAROLLES et MICHON. Mystères de l'écriture.

DESBORDES-VALMORE. Poésies. — Idylles (*Rev. mondiale*, 15 oct. 1922).

DESCARTES. Œuvres.

DESCAVES. Imagier d'Epinal (*Rev. hebd.*, déc. 1918). — Collab. NOZIERE. La saignée, 1870-71 (*Illustr. théâtr.*, 1913). — Pierre Dupont, 1 acte (*Idem*).

DESCHAMPS (L.). Etudes sur le coton. — Désordre social, désordre moral. — Rapports du capital et du travail. — Rapport sur l'état moral et social de la Normandie (*Assises de Caumont*, 1923). — Le Communisme (38 p.).

DESCHAMPS (F.). Petits Poussargues.

DESCHAMPS (Fr.). Bohème et Normandie.

DESCHANEL. A pied et en wagon. — Déformations de la langue française.

DESCHAUMES. Journal d'un lycéen pendant le siège de Paris, 1870-71.

DESCLOSIERES. Biographie des grands inventeurs.

DES GACHONS. Roman de la vingtième année. — Mon amie.

DES GRANGES (Ch.-M.). Histoire de la littérature française.

DES GRANGES (R.). Pierre et Jacques (*Corresp.* fév. 1917).

DESGRANGES. Voir POISLE-DESGRANGES.

DESLINIERES. Délivrons-nous du Marxisme.

DESLYS. Majorité de Mademoiselle Bridot. — Enfants trouvés de Paris. — Diables rouges. — Revanche de Marguerite. — Mesnil-au-Bois. — Buttes Chaumont. — Mère Rainette. — Fanfan-la-Tulipe. — Héritage de Charlemagne.

DESMAISONS. Tu seras ouvrière.

DESMAZE. Pénalités anciennes.

DESMOULINS (Camille). Choix de discours (*Orateurs de la Révolution*).

DESNOYERS. Mésaventures de Jean-Paul Choppart.

DES OMBIAUX. Petite reine Blanche. — Don Juan, fils de Charles Quint.

DESORMEAUX et LANDRIN. Manuel du serrurier et atlas.

DESPOIS. Révolution d'Angleterre.

DESTABLE. De l'évolution féministe en France et en Amérique (34 p).

DESTOUCHES. Théâtre choisi.

DES VIGNES-ROUGES. Bourru, soldat de Vauquois. — André Rieu, officier de France. — Cent millions. — Deviens un chef. — Rouen l'orgueilleuse.

DEULIN. Contes d'un buveur de bière.

DEUTSCH (Henry). Pétrole et ses applications.

[DEVAUX]. Mines de fer du Calvados, de l'Orne et de la Manche.

DEUX-MONDES (Revue des). Années 1851 à 1906. — 1911 et suivantes.

DEVENS (André). Roman de l'émir Seif.

DEVILLE. Géographie physique de l'Afrique,

Asie, Amérique et Océanie, 1888. — Géographie de l'Europe, 1887. — Géographie physique de la France, 1887.

DEVRIS. Sentier.

DEWEY (John). Comment nous pensons.

DEZOBRY. Rome au siècle d'Auguste.

DHORMOYS. Souvenirs d'un vieux chasseur.

DIAN. Miss Tommy.

DICK DE LONLAY. Notre armée. — A travers la Bulgarie. — Français et Allemands (guerre 1870). — Combats du général de Négrier.

DICKENS. Bataille de Dorking. — Abîme. — Contes d'un inconnu. — Ami commun. — Contes 3e série. — Maison à louer. — Aventures de M. Pickwick. — The Pickwick papers. — Vie et aventures de Nicolas Nicklely. — The life and adventures of Nicholas Nickleby. — Olivier Twist. — Contes de Noël. — David Copperfield (anglais).

DICTIONNAIRES. Dictionnaire de l'Académie français, 1802. — Dictionnaire biographique illust. de la Seine-Inférieure. — Dictionnaire de Trévoux, 1752.

DIDEROT. Chefs-d'œuvre. — Extraits. — Neveu de Rameau.

DIDIER. Chez le grand Chérif de la Mekke. — Nuits du Caire.

DIDOT. Encyclopédie de famille. — Biographie générale.

DIEHL. Botticelli. — Ravenne (*Villes d'art célèbres*). — Venise. — Byzance.

DIEUDONNE (A.), collab. BLANCHET. Monnaies françaises.

DIEUDONNE (R.). Perdreau.

DIEULAFAIT. Diamants et pierres précieuses.

DIEUSY. Allocutions (59 p.).

DIFFLOTH (P.). Races bovines. — Races chevalines.

DIFFRE. Contrôle du sport.

DIGEON. Dictionnaire des finances, 1784 (*Encycl. méth.*, t. XXXV et XXXVI).

DIGUET. Blondes et brunes.

DILLAYE. Mademoiselle de Fierlys.

DILLMONT. Ouvrages de dame. — Guipure d'Irlande.

DIMIER. L'Hôtel des Invalides. — Collab. GOBILLOT. La Basse-Normandie.

DIODORE DE SICILE. Bibliotheca historica.

DIVISION aux fourragères rouges [1re division marocaine] (24 p.).

DIVOIRE. Marathon, 2 actes (*Cahiers dramat.*).

DOILLET. Papassier s'en va-t-en guerre, 3 actes (*Collect. Fr. dram.*).

DOLLEY. Dagobert (*L. P. T.*, juillet 1921).

DOLLFUS et FORTIN. Crétacé de la région de Rouen (20 p.).

DOMBRE (G.). L'énigme de la rue Cassini (*Illustr.*, 1910).

DOMBRE (R.). Pierrot et Cie.

DOMER. Union sacrée pour la vie.

DOMERGUE. Russie rouge.

DOMINIQUE. Notre-Dame de la Sagesse.

DONEAUD. Histoire de la Prusse. — Histoire de la marine française.

DONNAY (Maurice). Alfred de Musset (*Confér. L. P. T.*). — Théâtre complet. — Le déjeuner, dialogue (*R. D. M. 1er* oct. 1917). — Dix-sept jours en Amérique (*R. D. M.*, juillet 1922). — Le Chat Noir (Souvenirs) (*Rev. hebd.*, mai 1926).

DORAT. Morceaux choisis (*Petits poètes du XVIIIe s.*).

DORCHAIN. Edit. Chefs-d'œuvre lyriques de

Pierre de Ronsard et de son école. — Pierre Corneille. — *Idem* (*Rev. hebd.*, avr. 1917).

DORGELES. Machine à finir la guerre. — Croix de bois, 1919. — Cabaret de belle femme. — Saint-Magloire. — Réveil des morts. — Sur la route mandarine. — Partir (*Rev. France*, juillet 1924).

DORIEN (O.). Le canton d'Offranville (*Soc. étud. locales*, 1920).

DORIG (James). Mode et couture, vocabulaire franco-anglais.

DORIS. Amour et science.

DORNIS. Force de vivre.

DORSAY. Contes d'Armorique.

DOSTOIEWSKI. Humiliés et offensés. — Souvenirs de la maison des morts. — Crime et châtiment. — Frères Karamarov. — Nietotchka Nezvanova. — Eternel mari. — Logeuse.

DOUAT. Machines à vapeur (*Ecol. spéc. Trav. publ.*). — Géologie pratique (*Idem*).

DOUMIC. Soldat de 1914 (*Pages d'histoire*, 7e série). — Saint-Simon (Conférences *L. P. T.*). — Lettres de Condorcet et de Mme Suard (*R. D. M.*, sept. 1911).

DOURLIAC. Miette (*Mode pratique*). — Supplice d'une mère (*Idem*).

DOVALLE. Poésies.

DOYLE. Rodney Stone. — Drame de Korosko. — Bataille de Sedgemoor. — Capitaine Micah Clarke. — Début en médecine. — Derniers mystères et aventures. — Un duo. — Grande ombre. — Idylle de banlieue. — Jim Harrisson, boxeur. — Merveilleuse découverte de Raffles Haw. — Mystères et aventures. — Nouveaux mystères et aventures. — Parasite. — Recrues de Monmouth. — Marque des Quatre.

DRAULT. — Carnet d'un réserviste. — Cantine de Chapuzot. — Chapuzot est de la classe. — Soldat Chapuzot..

DREYFUS (affaire). [Revision et procès connexes].

DREYFUS (E.). Habitations à bon marché (49 p.).

DREISER. Douze hommes.

DRIAULT. La victoire, ses leçons et ses promesses (16 p.). — Collab. SCHEFER. République et le Rhin.

DRIOUX (abbé). Histoire abrégée des littératures étrangères anciennes et modernes. — Histoire de la littérature française.

DROMARD. Rêve et action.

DRONSART. Mademoiselle Mignon.

DROUOT, collab. CALMETTE. La Bourgogne.

DROZ. Enfant. — Etangs. — Une femme gênante. — Babolain. — Entre nous. — Tristesse et sourires. — Cahier bleu de Mademoiselle Cibot. — Lettres d'un dragon. — Monsieur, Madame et Bébé. — Un paquet de lettres.

DRUMONT. France juive. — France juive devant l'opinion. — Fin d'un monde. — Dernier des Trémolin. — De l'or, de la boue, du sang.

DU BARAIL. Mes souvenirs (t. II).

DUBARLE. Lettres de guerre.

DUBARRY. Un prêtre dans la maison.

DU BELLAY. Pièces choisies (*Poètes de la Pléiade*).

DUBIEF (E.). Journalisme.

DUBIEF (L.-F.). Fabrication des liqueurs. — Fabricant de cidre et de poiré.

DU BLED. Société française du xvie au xxe s.

DUBŒUF. Mécanicien automobiliste.

DUBOIS (A.). L'hérodienne, 3 actes (*Illustr. théâtr.*).

DUBOIS (E.). L'Espagne ancienne et moderne.

DUBOIS (M.). Géographie économique, Afrique, Asie, Océanie, 1889. — Géogr. économique de l'Europe, 1889. — Géogr. de la France, 1889. — Géogr. élémentaire de la France et de ses colonies, 1891 (classe de 7e). — Géographie générale, Amérique, 1891. — Collab. TERRIER. Un siècle d'expansion coloniale, 1800-1900.

DU BOISGOBEY. Chalet des pervenches.

DUBOSC (A.). Habitations à bon marché et petite propriété.

DUBOSC (G.). Ecole de Rouen, peintres et ferronniers. — Trois Normands : Corneille, Flaubert, Maupassant. — Rouen pendant la guerre 1914-18. — A travers Rouen ancien et moderne. — Autour de la vie de Jeanne d'Arc. — Par ci, par là (*3 séries*). — Collab. SIONVILLE. Rouen, promenades en ville et environs. — Collab. PAULME. Fêtes du troisième centenaire de Corneille, 1906. — Mouvement artistique en Normandie (Assises de Caumont, 1923).

DUBREUIL (L.). Nouvelles.

DUBUS-PREVILLE. Mémoires (*Bibl. des Mémoires*, t. VI).

DUCAMP. Paris. — Souvenirs de l'année 1848. — Convulsions de Paris. — Nil, Egypte et Nubie. — Bons cœurs et braves gens. — Richard Piednoël (*Lect.*, XXVII). — Souvenirs littéraires (*Idem*, XIII. — *Idem* (*R. D. M.*, mai 1881).

DU CAMPFRANC. Chaîne renouée.

DUCHENE. Au pas lent des caravanes (*Illustr.*, 1910). — Thamilla (*Illustr.*, 1907). — Kamir.

DU CLEUZIOU (H.). Création de l'homme et premiers âges de l'humanité. — Art national.

DUCLOS. Mémoires (*Bibl. des Mémoires*, t. II).

DUCOIN-GIRARDIN. Entretiens sur la physique. — Entretiens sur la chimie.

DUCOTE. Le servage.

DUCOUDRAY. Histoire contemporaine.

DUFORT DE CHEVERNY. Mémoires.

DUFOUR (L.). Langue albanaise. — Petit dictionnaire des falsifications.

DUGAS (L.). Mémoire et oubli.

DUGUE. Théâtre complet.

DUHAMEL. Vie des martyrs. — Civilisation. — Deux hommes. — Confession de minuit.

DUHOMME. Martin-Eglise pendant les guerres de religion (108 p.). — Martin-Eglise pendant la Révolution française (98 p.).

DUJARRIC. Autour du mystère.

DULAURE. Esquisses historiques des principaux événements de la Révolution française.

DULERY. Délibérations de Mont-aux-Malades de 1790 à l'an II.

DUMAINE. Conversations latines. — Latin en quinze leçons.

DUMAS (Alexandre, père). Acté. — Antony, drame (*Lect. rétrosp.*, XVIII). — Ange Pitou. — Ascanio. — Baleiniers. — Bâtard de Mauléon. — Bric-à-brac. — Capitaine Arena. — Capitaine Pamphile. — Capitaine Paul. — Catherine Blum. — Causeries. — Cécile. — Château d'Eppstein. — Chevalier d'Harmenthal. — Chevalier de Maison-Rouge. — Collier de la reine. — Compagnons de Jéhu. — Colombe, Maître Adam le Calabrais. — Comte de Monte-Christo. — Comtesse de Charny. — Confessions de la Marquise. — Corricolo. — Crimes célèbres, t. I. Les Borgia, Marquise de Ganges, les Cenci. — T. II. Marquise de Brinvilliers, comtesse de Saint-Geran Jeanne de Naples, Vaninka. — T. III. Marie Stuart, Karl-Ludwig Sand, Murat. — Dame de volupté. — Dame de Monsoreau. — Deux Diane. — Deux reines. Drame de quatre-vingt-treize. — Drames galants. La marquise d'Escoman. — Emma Lyonna. — Fernande. — Fils du forçat. — Gabriel Lambert. — Georges. — Grands hommes en robe de chambre : Henri IV. Louis XIII. Richelieu. — Histoire d'un casse-noisette. — Histoire de mes bêtes. — Hommes aux contes. — Hommes de fer : Pépin, Charlemagne. Le sire de Giac. Guelfes et Gibelins. — Impressions de voyages : I. De Paris à Cadix. — II. Une année à Florence. — III. Le Corricolo. — Isaac Laquedem. — Jacques Ortis. Les fous du docteur Wiraglia. — Jehanne la Pucelle. — Joseph Balsamo. — Louis XIV et son siècles. — Louves de Machecoul. — Maître d'armes. — Mariages du père Olifus. — Meneur de loups. — Mohicans de Paris. — Napoléon. — Olympe de Clèves. — Pays inconnu. — Prince des voleurs. — Princesse Flora. — Quarante-cinq. — Régence. — Reine Margot. — Robin Hood le proscrit. — Salvator. — Souvenirs d'Antony. — Souvenirs d'une favorite. — Sylvandire. — Testament de M. Chauvelin. — Trois mousquetaires. — Trou de l'enfer. — Tulipe noire. — Vicomte de Bragelone. — Vingt ans après.

DUMAS (Alexandre, fils). Femmes qui tuent et femmes qui votent. — Homme femme. — Question du divorce. — Affaire Clémenceau. — Dame aux camélias. — Roman d'une femme. — Vie à vingt ans. — Théâtre : I. Dame aux camélias. Diane de Lys. Bijou de la reine. — II. Demi-Monde. Question d'argent. — III. Fils naturel. Père prodigue. — IV. Ami des femmes. Idées de Madame Aubray. — V. Visite de noces. Princesse Georges. Femme de Claude. — VI. Monsieur Alphonse. Etrangère. — VII. Princesse de Bagdad. Denise. Francillon. — VIII. Notes sur les différentes pièces.

DUMAS (A.). Ma petite Yvette.

DUMAS (G.). Etats intellectuels dans la mélancolie.

DUMAS (Ch.). Légendes des pays d'Orient.

DUMAS (Mathieu). Essling et Wagram.

DUMAS (Paul). Zézia (*Illustr.*, 1902-03). — Les yeux du hasard (*Illustr.* 1900).

DUMAS (Robert). Amour sacré.

DUMERSAN et SEGUR (Noël). Chansons nationales et populaires de France.

DUMESNIL (A.). Mémoires inédits de Senart (*Bibl. des Mém.*, XXXIV).

DUMESNIL (P.). Alain Blanchart.

DUMESNIL (René). L'absence. — Flaubert.

DU MESNIL THORET. Contrôle interallié de la dette allemande (16 p.).

DUMONT (J.-B.). — Grands travaux du siècle.

DUMONT (Emile). Bonne cuisine française.

DUMONT (E.) et MARTIN (Alph.). Histoire de la ville de Montivilliers.

DUMONT D'URVILLE. Voyage pittoresque autour du monde. — Voyage de la corvette l'*Astrolabe* (*Voyages autour du monde*, t. VI).

DUMONT-WILDEN. Belgique illustrée.

DUMOURIEZ (Général). Mémoires (*Bibl. des Mém.*, t. XI et XII).

DUMUR. Nach Paris. — Boucher de Verdun. — Un coco de génie. — Défaitistes.

DUPIN DE SAINT-ANDRE. Mexique aujourd'hui.

DUPLAN J.-L.). Trad. Lettres d'un vieil américain à un Français.

DUPLAY. Nos médecins.

DU PLESSAC (M.-H.). Trop tard (*Illustr.*, 1898).

DUPLESSIS (G.). Merveilles de la gravure.

DU PLESSIS (P.). Grands jours d'Auvergne.

DUPONCHELLE. Manuel de fonderie, cuivre, bronze, aluminium.

DUPONT (E). Collab. FOIGNET. — Manuel élémentaire de droit criminel.

DUPONT (Etienne). Légendes du Mont-Saint-Michel.

DUPONT (Gustave). Histoire du Cotentin et de ses îles. — Abbaye du Val-Richer.

DUPONT (Marcel). Fragilité. — En campagne (*Corresp.*, déc. 1914).

DUPONT (Paul). Collab. HAEFFELE (J.-B.). Aide-mémoire pratique de la filature de coton.

DUPONT (Paul). Histoire de l'imprimerie.

DUPOUY. L'affligé.

DUPUIS et LOMBARD. Dessin industriel.

DUPUY-MAZUEL. Collab. DE NION. Alerte, 3 actes (*Mond. illustr.*). — Collab. FABRE. Intrus (*Idem*). — Collab. J.-J. FRAPPA. Match de boxe (comédie en 3 actes) (*Idem*). Miracle des loups.

DUQUESNE (Robert). Pour le bonheur.

DURAND (A.). Langue malgache.

DURAND (André). Neufchâtel dans son rôle militaire.

DURAND DE MAILLANE. Mémoires (*Bibl. des Mémoires*, XXXVI).

DURAND DE NANCY. Guide en affaires.

DURANDEAU (Louis). Civils et militaires.

DURKHEIM (E.). Les règles de la méthode sociologique. — Allemagne au-dessus de tout (48 p.). — Collab. DENIS. Qui a voulu la guerre ? (68 p.). — Collab. BERGSON et autres. Science française.

DUROQUIER. La T. S. F. des amateurs.

DURVILLE (Maria). Petite médecine chez soi. — Petite chirurgie chez soi.

DURUY (G.). Victoire d'âme. — Fin de rêve (*Lect.*, II).

DURUY (Victor). Histoire sainte. — Histoire grecque. — Histoire romaine. — Histoire de la Grèce ancienne. — Histoire du moyen âge. — Histoire des temps modernes.

DU SEIGNEUR. Paris, voici Paris.

DUSSERRE. Jean et Louise (*Illustr.*, 1913.)

DUSSIEUX. Histoire de la guerre de 1870-1871.

DUTHEIL (P.). Collab. TEXIER (A.). Eléments de mécanique générale et appliquée.

DUTHEIL (Mme). Voir BRUYERE.

DUVAL (Mathias). Cours de physiologie. — Traité élémentaire de physiologie. — Précis d'anatomie plastique. — Collab. CUYER (E.). Histoire de l'anatomie plastique.

DUVAL (Victor). Charité à Rouen.

DUVAL (Raoul). De l'action exercée par Voltaire sur nos mœurs judiciaires (47 p.).

DUVERNE (R.). Pouck.

DUVERNEY. Un tour en Suisse.

DUVERNOIS (H.). Popote. — Crapotte. —
Brebis galeuse. — Morte la bête. — Edgar. — Seul, 1 acte (*Collect. Fr. dram.*). — Collab. FORTHUNY. Club des canards mandarins (*Cahiers dram.*). — Collab. BOURGET et autres. Roman des Quatre. — Micheline et l'amour.

DWELSHAUVERS. Inconscient.

DYER. Pierrot chien de Belgique.

DYS Tahar (*Illustr.*, 1897).

E

EATON. Pionniers ou déments ?

EBNER-ESCHENBACH. Margarède (*Revue*, juillet 1904).

ECOLE UNIVERSELLE par correspondance [Brochures-prospectus].

ECRIVAINS de l'Histoire Auguste (Historiae Augustae Scriptores) (*Relié avec Suétone*).

EDGEWORTH (Miss). Contes de l'adolescence. — Demain suivi de Mourad.

EFFORT français pendant la guerre. L'industrie, l'agriculture (32 p.).

EGGER. Histoire du livre.

EINSTEIN. Théorie de la relativité.

ELDER. Peuple de la mer.

ELIOT (G.). Adam Bede. — Mill on the Floss. — Silas Marner.

ELLIOT (Miss Grace). Sous la Terreur, journal d'une amie de Philippe Egalité. — Journal de ma vie pendant la Révolution française (*Bibl. des Mémoires*, t. XXVII).

EMERSON (R.-W.). Conduite de la vie.

EMPRUNT de la paix. 1920. Notes pour la propagande (32 p.). — Emprunt de la paix : Discours de Louis Barthou, le 24 février 1920 (14 p.).

ENAULT (Louis). L'amour et la guerre. — Baptême du sang. — Christine.

ENCYCLOPEDIES. Encyclopédie méthodique. Histoire encyclopédique des sciences, 1782-1791. Texte et atlas, 100 vol. (Panckoucke). — Encyclopédie des connaissances utiles.

ENFANTIN. Vie éternelle.

ENGERAND. Drame de Charleroi (*Corresp.*, mars 1918). — L'Allemagne et le fer (*Idem*, mars 1915). — Wendel et le Creusot (*Idem*, juin 1916). — Forges de Moyeuvre *Idem*, mai 1916). — Politique métallurgique de l'état allemand (*Idem*, sept. 1916). — Justice majoritaire (*Idem*, juill. 1914). — Frontière de 1871 (*Idem*, juill. 1917). — Mines de potasse de la Haute-Alsace (*Idem*, nov. 1918). — Frontière de l'Est et du Nord (*Idem*, fév. 1917). — Frontière de 1815 (*Idem*, déc. 1917). — Politique internationale du pétrole (*Idem*, déc. 1911). — Allemagne et le charbon (*Idem Corresp.*, janvier 1916).

ENLART. Rouen (*Villes d'art célèbres*).

EN NORMANDIE. Syndicat d'initiative du Calvados.

ENRIQUES. Concepts fondamentaux de la science.

ENSEIGNEMENT. Arrêté relatif aux horaires et programmes de l'enseignement secondaire. — Réforme de l'enseignement secondaire. Décret relatif à la réforme du plan des études. — Instructions relatives au nouveau plan d'études des écoles primaires élémentaires.

EPHEYRE. Poésie.

EPOPEES et LEGENDES. Roman d'Antar (Rouger). — Vie du Bouddha (Hérold). —

Légende du Cid Campéador (Arnoux). — Vie de sainte Claire d'Assise (Mauclair). — Légende de saint François d'Assise (Lafenestre). — Livre de Féridoun et de Minoutcher (Abd-el-Cacem Firdousi). — Légende de Guillaume d'Orange (**Tuffrau**). — Roman de la Kahéna (Magali-Boisnard). — Lais de Marie de France (Tuffrau). — Chanson de Roland (Bédier). — Roman de Tristan et Yseut (*Idem*). — Livre des Vikings (Guyot et Wegener). — Passion de Yang-Wé-Fei (Soulié de Morant). — Légende de Don Juan (T'Sertevens). — Contes magiques chinois de Pou-Soung-Liu (Laloy). — Roman de l'émir Seif (Devens). — Roue des fortunes royales (Pauphilet). — Légende de Socrate (Meunier). — Légende du docteur Faust (Saintyves). — Don Juan fils de Charles Quint (Des Ombiaux). — Légende de la ville d'Ys (Guyot).

EQUITATION moderne p. un officier de cavalerie.

ERCKMANN-CHATRIAN. Grand-père Lebigre. — Banni. — Contes vosgiens. — L'invasion ou le fou Yégof. — Souvenirs d'un ancien chef de chantier. — Deux frères. — Vieux de la vieille. — Une campagne en Kabylie. — Maître Gaspard Fix. Ami Fritz. — Madame Thérèse. — Le brigadier Frédéric. — Histoire d'un sousmaître. — Ami Fritz (coméd.). — Les Rantzau (*Collect. France dram.*).

ERLANDE. En campagne avec la légion étrangère.

ERNAULT et CHEVALDIN (E). Manuel d'ortografe français simplifiée.

ERNOUF. Souvenirs de l'invasion prussienne en Normandie. — Cachemire et petit Thibet.

ESCHOLIER. Cantegril. — Dansons la Trompeuse.

ESCHYLE. Théâtre.

ESME (Jean d'). Les barbares (*Rev. de Paris*, mai 1925.

ESMEIN (A.). Histoire du droit français.

ESMONIN (E.). Ed. VOYSIN DE LA NOIRAYE. Mémoires sur la généralité de Rouen.

ESPARBES (d'.) Vent du boulet. — Demisolde. — Guerre en dentelles. — Légende de l'Aigle. — *Idem* (*Lect.*, XXVIII). — Roi. — Ceux de l'an XIV. — Mystères de la légion étrangère.

ESPINASSE-MONGENET. Leçon des jours. — Vie finissante.

ESTAINTOT d'). Recherches sur les hautes justices féodales en 1789 dans la Seine-Inférieure (55 p.). — Recherches sur Auffay (100 p.). — Recherches sur l'introduction de la filature du coton dans la Haute-Normandie (28 p.). — Notes manuscrites d'un conseiller au parlement de Normandie (65 p.).

ESTANG. Affaire Nell.

ESTAUNIE (E.). Sources d'énergie électrique. — Solitude. — Ascension de M. Baslèvre. — Ferment. — Infirme aux mains de lumière. — Vie secrète. — Appel de la route (*R. D. M.*, 15 sept. 1921). — Empreinte. — Choses voient (*R. D. M.*, mai 1913). — Labyrinthe. — *Idem* (*R. D. M.*, avr. 1924). Le Roman est-il en danger ? Conférence (*Rev. hebd.*, fév. 1925). — Tels qu'ils furent (*R. D. M.*, oct. 1926).

ESTREY (Meyners d'). Voir **MEYNERS**.

ESTRE (Henry d'). Enigme de Verdun (*Correspond.*, juill. 1916).

ETHAMPES (G. d'). Château de Kergoet.

ETRENNES du Parnasse pour 1874.

EUDEL. Trucs et truqueurs.

EUDELINE (abbé). Hauville.

EUGENIE (Impératrice). Lettres intimes à Mme Cornu (*Corresp.*, août 1920). — Souvenirs de l'impératrice Eugénie par Augustin Filon. — Enfance d'une souveraine. Souvenirs intimes par le comte Primoli (*R. D. M.*, oct. 1923).

EUTROPE. Abrégé de l'histoire romaine (*Relié avec Suétone*).

ETUDES. Etudes et documents sur la guerre. — Etudes locales (Société des) dans l'enseignement public. Groupe de la Seine-Inférieure. Bulletins 1912 et ss.

EVANS. Vie du roman de Lloyd George.

EVASIONS célèbres.

EXPOSITIONS. Expositions de Paris 1878. — 1889. — 1900. — Exposition rétrospective des graveurs normands (Millénaire, 1911). Catalogue.

EYDOUX-DEMIANS (M.). Dix frères au front. Une famille pendant la guerre (*Corresp.*, juill. 1915).

EYROLLES (L.). Cours de topographie. I. Topométrie (*Ecol. spéc. de Trav. publics*). Pratique des travaux (*Ecol. spéc. trav. publ.*)

F

FABIA. Théâtre latin (Plaute et Térence).

FABLIAUX (Recueil de).

FABRE (A.). collab. JACQUIN. Crimes de M. Tapinois (*L. P. T.*, mars 1924).

FABRE (F.). L'abbé Tigrane. — Roman d'un peintre (*R. D. M.*, juin 1878). — Roi Ramire (*R. D. M.*, sept. 1883). — Julien Savignac.

FABRE (J.-H.). Eléments de chimie. — Histoire de la bûche. — Souvenirs entomologiques. — Nouveaux souvenirs entomologiques, t. I. — Premiers éléments de cosmographie.

FABRE (L.). Rabevel.

FABRE (J.). Procès de condamnation de Jeanne d'Arc.

FABRE (M.) et DUPUY-MAZUEL. Intrus, 1 acte (*Monde illustré*).

FABULET. Trad. KIPLING.

FAGE. Cathédrale de Limoges.

FAGUET. En lisant Nietzche. — Dix commandements. I. L'amour de soi. — II. De l'amour. — III. De la famille. — IV. De l'amitié. — V. De la vieillesse. — VI. De la profession. — VII. De la Patrie. — VIII. De la vérité. — IX. Le devoir. — X. De Dieu. — Libéralisme. — Initiation littéraire française au XIXe s. — Etudes littéraires : XVIe s., XVIIe s., XVIIIe s., XIXe s. — Fontenelle. — André Chénier. — La Fontaine.

FAIN. 1814. Manuscrit du baron Fain.

FALLEX et MAIREY. Principales puissances du monde au début du XXe s. — Face nouvelle du monde. — France et colonies. — Europe nouvelle. — Région du Nord-Est.

FALLOT. Par delà la Méditerranée.

FALLOURD. collab. BARADEL. Petite histoire de la Normandie.

FALLUE. Histoire du château de Radepont (105 p.).

FAMECHON. Notice sur la Guinée française.

FAMILLE royale au Temple.

FANTON. Hommes nouveaux.

FAQUE. Indo-Chine française.

FARCY. Histoire de la guerre de 1870-71.

FARIN. Histoire de Rouen, 1668.

FARJENEL. Peuple chinois, 1904.

FARMAN. Conducteur d'automobile.

FARRERE. Bataille. — Bêtes et gens qui s'aimèrent. — Civilisés. — Condamnés à mort. — Dernière déesse. — Dix-sept histoires de marins. — Extraordinaire aventure d'Achmed-Pacha Djemaleddine. — L'homme qui assassina. — Hommes nouveaux. — Mademoiselle Dax. — Maison des hommes vivants. — Petites alliées. — Souvenirs de Leila Hanoun (*Rev. Paris*, mai 1924). — Voir CHACK.

FASTOUT. Une politique financière.

FATH. Bernard la gloire de son village.

FAUCHOIS. Rivoli, Vitrail, Jean Bart. — Beethoven (*Collect. France dram.*). — Mozart (*Cahiers dramat.*).

FAUPIN. Champignons comestibles et vénéneux.

FAURE-GOYAU (Lucie-Félix). Voir GOYAU.

FAURE (G.). Heures d'Ombrie.

FAURE (G.). Cours de comptabilité.

FAURE-FREMIET. Souffle du désordre. 3 actes (*Collect. France dram.*).

FAUVEL. Prairies d'or. — Cymbeline. — Sauvée.

FAUVELLE. Physico-chimie.

FAVRE. Epreuve de Georges.

FAVART et **LARGILLIERES.** Polichinelle comte de Paonfier. suivi des Champs-Elysées de CAUMONT et DESTOUCHES.

FAVRICHON. Remèdes naturels de M. le curé Kneipp.

FEILLET. Ed. PLUTARQUE. Vies des Romains et des Grecs illustres.

FELICIE [Mme DE GENLIS]. Souvenirs de Félicie (*Bibl. des Mém.*, t. XIV).

FELI. Jardin du silence (*Corresp.*, fév. 1920).

FELIX. Avocats et échevins normands (31 p.).

FELLER. Biographie universelle.

FENELON. Aventures de Télémaque et aventures d'Aristonoüs. — Education des filles. Fables. Lettre à l'Académie.

FERE. Légendes et traditions de Normandie.

FERE et **POSTAL.** Anthologie des poètes normands.

FERASSON. Problème franco-allemand du fer (16 p.).

FERRERO. Grandeur et décadence de Rome. — Ruine de la civilisation antique (*R. D. M.*, sept. 1919).

FERON. Maignart de Bernières.

FERRET. Photogravure sans photographie.

FERRETTE (H.). et **FLORENTN.** Accidents du travail.

FERRI-PISANI. Drame serbe.

FERRIERES. Mémoires (*Bibl. des Mém.*, t. XXXV).

FERRIEU et **BOLL.** Ouvrages d'art IIe partie: Ponts en maçonnerie (*Ecole spéc. trav*). Ponts métalliques (*Ecole spéc. trav. publ.*).

FERRY. Scènes de la vie sauvage au Mexique. — Scènes de la vie mexicaine. — Scènes de la vie militaire au Mexique. — *Idem* (*R. D. M.*, oct. 1850). — Costal l'Indien. — Révolutions du Mexique. — Squatters. Clairière du bois des Hogues.

FERVAL. L'autre amour. — Vie de château. — Ma figure. — Ciel rouge. — Double Amour (*Illustr.*, 1912).

FEUILLET. Amours de Philippe (*R. D. M.*, juill. 1877). — Mariage dans le monde. — *Idem* (*R. D. M.*, 1875). — Bellah. — Roman d'un jeune homme pauvre. — La Morte. — *Idem* (*R. D. M.*, janv. 1886). — Histoire d'une parisienne. — Honneur d'artiste (*R. D. M.*, mars 1890). — Divorce de Juliette. — Journal d'une femme. — Julia de Trécœur. — *Idem* (*R. D. M.*, mars 1872). — Clé d'or (*R. D. M.*, janv. 1851). — Ermitage (*Idem*, sept. 1851). — Village (*Idem*, avr. 1852). — Dalila (*Idem*, sept. 1853). — Monsieur de Camors (*Idem*, avr. 1867). — La veuve (*Idem*, déc. 1883). Onesta (*Lect. rétr.*, t. V).

FEUILLIDE. Algérie française.

FEVAL. Annette Laïs. — Poisson d'or. — Belle Etoile. — Cœur d'acier. — Contes bretons. — Couteaux d'or. — Deux femmes du roi. — Duchesse de Nemours. — Fée des grèves. — Fils du diable. — Gens de la noce. — Habits noirs. — Louve. — Mendiant noir. — Rue de Jérusalem. — Le Bossu: I. Le petit Parisien. — II. Lagardère. — Chasse au roi. — Château de velours. — Chevalier de Kéramour. — Bague de Chanvre. — Prince Coriolani. — Loup blanc. — Homme de fer. — Rollan Pied-de-Fer. — Valentine de Rohan.

FEVAL fils. Chevauchées de Lagardère. — Mariquita. — Cocardasse et Passepoil. — D'Artagnan contre Cyrano de Bergerac.

FEVRE. Galaficu.

FEYDEAU. Comtesse de Chalis. — Fanny.

FEYROL. Les Français en Amérique.

FID. Cavée Malheurt.

FIERRE. 80.000 milles en torpilleur.

FIEVEE. Mémoires (*Bibl. des Mémoires*, t. XXIX).

FIGUIER (Louis). Savant du foyer. — L'année scientifique. 1875, 1886. — La terre et les mers. — Histoire des plantes. — Vie et mœurs des animaux. — Animaux articulés, poissons et reptiles. — Insectes. — Merveilles de la science. — Merveilles de l'industrie. — Grandes inventions. — Roman d'Edison (*Lect.*, XIII). — Eclairage dans les théâtres de Paris (*Lect.*, II). — Ascensions du Mont-Blanc (*Lect.*, I).

FILLASSIER. Dictionnaire historique d'éducation.

FILON. Babel. — Amours anglais. — Souvenirs sur l'impératrice Eugénie.

FINK. collab. LACOMBE. Manuel de peinture et vernissage des métaux et des bois.

FINOT (Jean). Atelier des gens heureux. — Saints, initiés et possédés modernes. — Maîtrise de la vie et des hommes.

FIRDOUSI. Livre de Feridoun et de Minoutcher, rois de Perse.

FISHER. La Grande-Bretagne a-t-elle contribué à la cause des alliés ? (32 p.).

FISCHER (M. et A.). — Duel de Lolotte. — Amant de la petite Dubois.

FITZMAURICE. Littérature espagnole.

FLACH. Origines de l'ancienne France.

FLAHAULT (de). Lettres à Morny et à Louis-Napoléon (*Rev. Paris*, sept. 1924).

FLAMMARION (Camille). La mort et son mystère: I. Avant la mort. — II. Autour de la mort. — III. Après la mort. — Fin du monde. — Dieu dans la nature. — Contemplations scientifiques. — Merveilles célestes. — Histoire du ciel. — Pluralité des mondes habités. — Mondes imaginaires et mondes réels. — Astronomie populaire. — Dans le ciel et sur la terre. — Récits de l'Infini. Lumen. — Etoiles et curiosités du ciel. — Terres du ciel. — Atmosphère. — Initiation astronomique. — Petite astronomie descriptive. — Monde avant la création de l'homme. — Stella. — Contes philosophiques (*La Revue*, janv. 1911). — Trad. Les derniers jours d'un philosophe par H. Davy.

FLANDIN. Voyage en Perse.

FLAT. Pastel vivant.

FLATTERS. Deux missions.

FLAUBERT. Madame Bovary. — Salammbô. — Education sentimentale. — Tentation de Saint Antoine. — Trois contes et mélanges inédits. — Bouvard et Pécuchet. — Théâtre. — Première tentation de Saint Antoine. — Correspondance. — Par les champs et par les grèves.

FLAUX. Sonnets, voyages, fantaisie.

FLEG. Anthologie juive.

FLEMING. Mystère de Catheron.

FLERS (de). Victorien Sardou intime (*Conférence L. P. T.*, 1914). Collab. CAILLAVET (de). L'âne de Buridan (*Illustr. théâtr.*, 1905).

FLEURIOT (Z.). Petit chef de famille. — En congé.

FLEURY (G.). Cathédrale du Mans.

FLEURY (de). Quelques conseils pour vivre vieux.

FLORENTIN. collab. FERRETTE. Accidents du travail.

FLORIAN. Mémoires d'un jeune espagnol (*Bibl. des Mém.*, t. XXXVII).

FLORUS. Abrégé de l'Histoire romaine [*relié av. Salluste*].

FLUTRE. Le Romantisme. — Molière.

FOCILLON. Cours élémentaire d'histoire naturelle. — Premiers enseignements de chimie.

FOE (de). Robinson Crusoé. — Vie du colonel Jack.

FOGAZZARO (A.). Petit monde d'autrefois (*Mode pratique*, 1897).

FOIGNET. Manuel d'économie politique. — De droit civil. — De procédure civile. — De droit romain. — Synthèse du droit. — Collab. DUPONT. Manuel de droit criminel. — De droit international. — De législation industrielle. — Collab. BOITEL. Manuel de droit commercial terrestre.

FOLEY (Charles). Zéphirin Baudru (*Illustr.*, 1898). — Amour de Marion. — Kowa la mystérieuse. — Second amour. — Ecrasement (*Corresp.*, déc. 1906).

FONCIN. Géographie historique.

FONCK. Aviation et sécurité française.

FONSON et WICHELER. Mariage de Mademoiselle Beulemans.

FONSSAGRIVES. Notice sur le Dahomey.

FONTAINE (A.). Pour qu'on sache le français. — Problème grammatical.

FONTAINE (A.) et autres. Concentration des entreprises industrielles et commerciales (*Confér. des H. E. S.*).

FONTAN (P.). Collab. JULIAN. Anthologie du félibrige provençal.

FONTANGES. Femmes docteurs en médecine.

FONTENELLE. Pluralité des mondes. — Textes choisis.

FONTENELLE et MALEPEYRE. — Bou-

langer. — Limonadier, glacier, cafetier. — Collab. LEBEAUD. Distillateur liquoriste.

FONVIELLE (de). Monde des atomes. — Merveilles du monde invisible. — Eclairs et tonnerre. — Navigation aérienne. — Affamés du pôle Nord. — Glaçon du Polaris.

FORBIN. Fiancées du soleil.

FOREST (A.). Visions rouges.

FOREST (L.). L'oubli (*Illustr.*, 1899).

FORGUES (E.). Sandra Belloni (*R. D. M.*, nov. 1864.). — L'Epreuve de Richard Féverel (*Idem*, avr. 1865. — Barberine au joug (*Idem*, fév. 1866). — Fausses routes (*Idem*, sept. 1867). — Fleurettes et réalités (*Idem*, sept. 1868).

FORTIN (R.). Collab. DOLFFUS. Crétacé de la région de Rouen (20 pp.). — Etude sur les eaux d'alimentation de Rouen.

FORTIN (Ch.). Note sur Paul Baudry (4 p.). A propos d'une maison de la rue des Emmurées à Rouen abattue en 1906 (5 p.).

FOSSA. Château de Vincennes.

FOSSEY (J.) et LONGNON. Haute-Normandie.

FOSTER-FRASER. Amérique au travail. — Panama. — L'Australie.

[FOUCHE]. Mémoires sur Fouché (*Coll. F. Brentano*).

FOUILLEE. Histoire de la philosophie. — Liberté et déterminisme. — Morale des idées forces. — Extraits de la Théodicée. — Morale, art et religion d'après Guyau. — Psychologie du peuple français. — L'enseignement au point de vue national. — Réforme de l'enseignement par la philosophie. — Descartes.

FOUINET. Robinson des glaces.

FOURCAULT. Mécanicien d'aviation.

FOURNEL. Vieux Paris. — Spectacles populaires et artistes des rues de Paris.

FOURNIER (A.). Grand Meaulnes.

FOURNIER (E.). Vieux neuf. — Esprit des autres. — Enseignes de Paris.

FOURNIER (P.). Dernier amour du colonel Lee (*Rev. hebd.*, nov. 1926).

FOURREY. Récréations arithmétiques. — Navigation intérieure (*Ecol. spéc. Trav. publ.*). — Stéréotomie (*Idem*). — Algèbre (*Idem*). — Constructions géométriques. — Curiosités géométriques.

FOURRIER (J.). Daubeuf-le-Sec, Serville, Tocque, Ville-les-Murs (56 p.).

FOVEAU DE COURMELLES. Hypnotisme. — Année électrique.

FOVILLE. Servitude. — Eros.

FRAIGNEAU (A.). Rouen bizarre. Avant-propos par G. Dubosc, 1888.

FRAIPONT (G.). L'art de prendre un croquis, de l'utiliser. — L'art de composer et de peindre l'éventail. l'écran, le paravent. — L'art de peindre à l'aquarelle.

FRAMERY et GINGUENE. Dictionnaire de musique (*Encycl. méthod.*, t. LXXXI et LXXXXII).

FRANC (Christian). La sécurité nationale et le péril extérieur. L'Angleterre et la triple Alliance, 1893.

FRANC-NONAIN. Les transatlantiques (opérette en 3 actes) (*Monde ill.*, 1910-1913). — Fables.

FRANCE (A.). Anneau d'améthyste. — Balthasar. — Crainquebille. Putois. — Crime de Sylvestre Bonnard. — Désirs de Jean Servien. — Dieux ont soif. — Etui de nacre. — Histoire comique. — Ile des

Pingouins. — Jardin d'Epicure. — Jocaste et le chat maigre. — Livre de mon ami. — Lys rouge. — Mannequin d'osier. — Monsieur Bergeret à Paris. — Opinions de Jérôme Coignard. — Orme du mail. — Pages choisies. — Petit Pierre. — Pierre Nozière. — Puits de Sainte Claire. — Révolte des anges. — Rôtisserie de la reine Pédauque. — Sept femmes de Barbe-Bleue. — Sur la pierre blanche. — Thaïs. — Vie en fleurs. — Vie de Jeanne d'Arc. — Vie littéraire.

FRANCE (H.). Ventre de Lalla-Fathma. — Sous les burnous.

FRANÇOIS. Souvenirs sur Guy de Maupassant.

FRANK (W.). Rahab.

FRANK (E.). Assemblée nationale de 1871.

FRANKLIN. La vie privée d'autrefois : I. L'enfant (naissance, baptême). — II. — L'enfant (layette, nourrice, vie de famille, jouets). — Comment on devenait patron. — Variétés parisiennes. — Vie de Paris sous Louis XVI. — Cuisine. — Ecoles et collèges. — Médecins. — Chirurgiens. — Médicaments. — Hygiène. — Magasins de nouveautés. — Dictionnaire historique des arts, métiers et professions de Paris depuis le XIIIᵉ s.

FRANQUEVILLE. L'Ame française (56 pp.).

FRAPIE. — Maternelle. — Ecolière. — Institutrice de province. — Marcelin Gayard. — Contes de la guerre. — Bonnes gens. — Liseuse. — Gamins de Paris.

FRAPPA (J.-J.). Dernière heure (4 actes) (Monde ill.). — Match de boxe (3 actes) (Idem). — Baron de Batz (5 actes) (Idem). — Gosse (1 acte) (Idem).

FRASER. Voir FOSTER-FRASER.

FRAUDET. Les fatidiques.

FRAZER (J.-G.). Sir Roger de Coverley. — Sur les traces de Pausanias. — Adonis. — Rameau d'or. — Trésor légendaire de l'humanité.

FREDE. Russie et nihilisme.

FREMY. Plus près de toi.

FRENCH. 1914, préf. Maréch. Foch. — Guerre de 1914. L'œuvre de l'armée britannique.

FRERE (Ed.), éd. LICQUET. Rouen.

FRERE (Et.). Louis Bouilhet.

FRERE (H.). La Normandie.

FRERE (S.). Rapport sur le mouvement artistique (Assises de Caumont, 1909).

FRESNEAU. Deux abandonnés. — Comme les grands. — Une année de petit Joseph.

FREVILLE. Commerce maritime de Rouen.

FREY et GUENOT (Mᶫᶫᵉ). Manuel de langue et de style français. — Exercices.

FREY et LEMERLE. Pathologie de la bouche et des dents.

FREYCINET (L. de). Voyage autour du monde, 1817-20 (Voyages autour du monde, t. VI).

FREYCINET (C. de). Souvenirs, 1848-1914.

FRIBOURG (A.). Martyrs d'Alsace et de Lorraine. — Croire.

FRIDOLIN. Retraite des Dix-Mille (R. D. M., juillet 1851).

FRIEDEL. Personnalité biologique de l'homme.

FROISSART, voir VAST (H.). Extraits.

FROMENT. Espionnage militaire.

FROMENTIN (E.). Un été dans le Sahara. — Une année dans le Sahel. — Dominique.

FROMENTIN (A.). Notre-Dame de Bonsecours.

FRONDAIE. Contes réels et fantaisistes. — Aphrodite (5 actes) (Monde ill., 1914).

FRONDEVILLE (de). Pierre Lambert de la Motte, évêque de Béryte, 1624-1679.

FULLERTON. Oiseau du Bon Dieu. — The notary's daughter.

FUNCK-BRENTANO. Affaire du collier. — Ancien régime. — Le roi. — Fort-l'Evêque. — Drame des poisons. — Légendes et archives de la Bastille. — Mort de la reine. Origines. — Moyen âge. — Nouvellistes. — Ed. RETIF DE LA BRETONNE. Nuits révolutionnaires. — Village. — LATUDE. Mémoires. — MANDRIN et les contrebandiers. — Trad. WILLIAMS. Régime de Robespierre. — Amour en cage, comédie (Monde ill.).

FURETIERE. Roman bourgeois.

FUSTEL DE COULANGES. Cité antique.

FYFE (H.). Aux pays de l'or et des diamants.

G

GABORIAU. Corde au cou. — Monsieur Lecoq. — Affaire Lerouge. — Dossier nº 113. — 13ᵉ hussards. — Gens de bureau. — Crime d'Orcival. — Clique dorée. — Argent des autres. — Mariages d'aventures.

GABOURD. Histoire de Louis XIV.

GADEAU DE KERVILLE. Laboratoire de spéléobiologie à Saint-Paer. — Causeries sur le transformisme. — Résultat négatif des fouilles préhistoriques effectuées dans deux grottes à Orival. — Résultat des fouilles effectuées dans un abri sous roche à Bonnières. — Faune de la Normandie. — Animaux et végétaux lumineux. — Notice nécrologique sur le Dʳ Blanche. — Bagnères-de-Luchon.

GAFFAREL. Défense nationale en 1792. — Frontières de la France.

GAISBERG. Monteur électricien.

GALEOT. Organisation théorique et pratique. — Psychologie révolutionnaire. — Avenir de la race. — Systèmes sociaux et organisation des nations modernes. — Organisation des activités humaines.

GALITZINE (Pˢˢᵉ). Souvenirs d'une émigrée (Rev. Paris, janv. 1925).

GALLAND. Mille et une nuits.

GALLI. Allemagne en 1813.

GALLIX et GUY. Histoire de Louis-Napoléon Bonaparte, t. I.

GALLOIS. En Amérique du Sud.

GALSWORTHY. Fleur sombre (Rev. hebd., avril 1920). Manoir (R. D. M., août 1920.— Cœurs sans pitié (The Skin game) 4 actes (L. P. T., avr. 1924). — Loyautés (Rev. Paris, févr. 1926). — Un chevalier (Rev. hebd., avr. 1926).

GALTIER-BOISSIERE (Dʳ). Hygiène pratique. — Pour préserver des maladies vénériennes. — Dictionnaire illustré de médecine usuelle. — Ed. Larousse médical illustré.

GALZY. Allongés. — Idem (Rev. hebd., fév. 1923).

GAMOND (de). Epave (Corresp., mai 1891).

GAND. Cours de tissage.

GANDERA. Atout, cœur ! 3 actes (Nouv. France dramat.).

GANDILLOT. Vers l'amour, 5 actes (Illustr. th., 1905).

GANEM (Chekri). Antar, 5 actes (Illustr. th., 1910).

GANNERON. Tu seras citoyen.
GANOT, MANŒUVRIER et BILLARD. Traité de physique, 1923.
GANTILLON. Cyclone, 2 actes, suppl. (*Rev. hebd.*, 1923). — Maya, pièce en 3 parties (*Cahiers dramat.*).
GARCET. Leçons de Cosmographie.
GARCIA-CALDERON. Démocraties latines de l'Amérique.
GARDIN-DUMESNIL. Synonymes latins.
GARNETT. Infamous John Friend.
GARNIER (A.-R.). Collab. SYLVESTRE (V.). Moteurs électriques (fasc. VI. *Confér. technique moderne*).
GARNIER (H.). Six semaines dans un phare.
GARNIER (J.). Nouvelle-Calédonie.
GARNIER-PAGES. Histoire de la Révolution de 1848.
GAROLA. Engrais. — Céréales. — Prairies et plantes fourragères.
GARREAU. Etat social de la France au temps des Croisades.
GARRICK. Mémoires (*Bibl. des Mém.*, t. VI).
GARROS. Rabelais en français moderne.
GARROS (L.). Régiments normands au feu.
GASKELL. Cranford.
GASQUET. Géographie générale, 1886
GASTINEAU. Génies de la science et de l'industrie.
GAUDY. Chemin-des-Dames en feu, 1917.
GAULOT. Grandes journées révolutionnaires.
GAULTIER (C.). Prestidigitation sans appareils.
GAULTIER (P.). Leçons morales de la guerre. — Cruauté allemande (24 p.).
GAUMENT et CE. C'est la vie. — Chandelles éteintes. — Grand'route des hommes. — Largue l'amarre. — Fils Maublanc. — *Idem* (*Rev. hebd.*, déc. 1925). — Farces.
GAUSSERON. Thème anglais aux examens.
GAUTHIER (J.). Graphique d'histoire de l'art.
GAUTHIER D'ARGIES. Chansons inédites du XIIIe siècle. Ed. VAILLANT.
GAUTIER (E.). Année scientifique, 1895, 1904, 1906, 1908 à 1913.
GAUTIER (E.-F.). Sahara.
GAUTIER (H.). Pendant le Seize-Mai.
GAUTIER (J.). Sœur du soleil.
GAUTIER (Th.). Poésies. — Portraits contemporains. — Jeune France. — Constantinople. — Théâtre. — Capitaine Fracasse. — Grotesques. — Roman de la momie. — Mademoiselle de Maupin.
GAUVAIN et BIDOU. Grande guerre (1914-1919), t. XI (*Histoire contemp. Lavisse*).
GAVEAU. Bienheureux de La Salle.
GAYET. Art arabe. — Art persan.
GAZIER (A.). Explication française. — Histoire religieuse de la Révolution française.
GAZIER (G.). Franche-Comté.
GEBHART. Florence (*Villes d'art célèbres*). — Moines et papes. — Italie mystique. — D'Ulysse à Panurge. — Les Borgia (*R. D. M.*, déc. 1887, mars 1888).
GEFFROY. Apprentie. — Nouveaux contes du pays d'ouest. — Croquis de janvier, février, etc... (*Lect.*, III). — Cécile Pommier. — Hermine Gilquin.
GEINIE. Géologie. — Géographie physique.
GEISPITZ (H.). Histoire du Théâtre-des-Arts de Rouen, d'après le ms. de Ch. VAUCLIN.
GENEST. Belles citations de la littérature française. — Contes et légendes mythologiques.
GENEVOIX (G.), pseud. JAMES (Le Chevalier). Amour d'épouse.

GENEVOIX (Dr F.). Matières premières. — Procédés industriels.
GENEVOIX (H.). Dernières cartouches (janvier 1871).
GENEVOIX (M.). Sous Verdun. — Au seuil des guitounes. — Raboliot. — *Idem* (*Rev. Paris*, oct. 1925).
GENIAUX. Musulmanes. — Maison d'éternité (*R. D. M.*, juin 1925). — Famille Messal (*Idem*, juillet 1918). — Passion d'Armelle Louanais. — Cœurs gravitent (*R. D. M.*, 15 juin 1920). — Château clair de lune (*L. P. T.*, sept. 1923). — Faucons (*R. D. M.*, mai 1923). — Pour la gloire (*Rev. hebd.*, mars 1923). — Vérité sur la colonisation française en Tunisie (*La Revue*, juin 1917).
GENIN. Grottes de Plémont.
GENLIS (Mme de). Duchesse de La Vallière. — Mémoires (*Bibl. des Mém.*, t. XV). — Souvenirs de Félicie (*Bibl. des Mém.*, t. XIV).
GENNEVRAYE. L'ombre (*R. D. M.*, juillet 1881). — Roman d'un sous-lieutenant (*Corresp.*, mai 1892).
GEORGE (Nancy). Esclaves de Méquinez (*Rev. Paris*, oct. 1924).
GEORGIN. Droit administratif (*Ecole sp. Trav. publ.*). — Rédaction des rapports administratifs (*Idem*).
GERALDY (Paul). Aimer, 3 actes (*Suppl. Rev. hebd.*, 1921). — Toi et moi.
GERARD (A.). Petite Rose, Grande Jeanne.
GERARD (J.-W.). Mémoires.
GERARD, collab. NIEWENGLOWSKI. Cours de géométrie.
GERARD (L.). A travers la Hollande, 1911.
GERARD (J.). Tueur de lions.
GERARD (Rosemonde) [Mme E. Rostand]. Marchande d'allumettes, 3 actes (*Illustr. th.*, 1914).
GERARDIN. Botanique générale.
GERBIE. Canada et émigration française.
GERIOLLES. Ed. VORAGINE. Légende dorée.
GERMAIN (A.). Projection des cartes géographiques.
GERMAIN (Aug.). Bichette (*Lect.*, XXII), 1892.
GERMAIN (J.). Pour Genièvre. — Roman de Rosa Berghem (*Revue mond.*, déc. 1920).
GERMAIN (J.) et FAYE. Général Laperrine.
GEROULE. Mystérieux Jimmy, 3 actes (*Monde illustré*).
GERSPACH. Mosaïque. — Art de la verrerie.
GESLAIN. Voix perdues d'un paysan.
GESSNER. Mort d'Abel.
GHEON. Débat de Nicolazic (*Suppl. Rev. hebd.*, 1922). — Farce du pendu dépendu, 3 actes (*Nouv. France dram.*). — Bon voyage (*Corresp.*, janv. 1922).
GIACOSA. Comme les feuilles, 4 actes (*Illustr.*, 1909).
GIDE (A.). Caves du Vatican.
GIDE (Ch.). Sociétés coopératives de consommation. — Principes d'économie politique. — Collab. BERGSON, POINCARE (H.) et autres : Matérialisme actuel.
GIELLY (G.-A.). Bazzi, dit le Sodoma (*Maîtres de l'art*).
GIFFARD. Roubles et roublards.
GIGNOUX et DORGELES. Machine à finir la guerre. — Collab. MULLER. Mil neuf cent douze. — Collab. MERE. Ingénu, 3 actes (*Monde illustré*, 1914).
GIGUET (P.). Trad. HOMERE.
GILBERT. Morceaux choisis (*Petits poètes du XVIIIe siècle*).

GILBERT (A.-P.-M.). Description historique de la cathédrale de Rouen.
GILLARD. Roumanie nouvelle.
GILLET et MAGNE (J.-H.). Nouvelle flore française.
GILLET (Louis). Raphaël (*Maîtres de l'art*). Cathédrale martyre (*R. D. M.*, nov. 1918).
GILLETTE. Longue route. — Aimons.
GILLOT et LOCKERT. Fondeur de fer et de cuivre suivi de Fonte des statues et des cloches (*Roret*).
GILLOUIN. Etude du système philosophique de Bergson.
GILSON. Philosophie au moyen âge.
GINISTY. Anthologie du journalisme. — La vie d'un théâtre. — De Paris au Cap Nord. — Lucinde. — Au seuil du bonheur.
GIRAN. Sous le joug (94 p.).
GIRARD (J.). Plantes étudiées au microscope.
GIRARD (M.). Métamorphoses des insectes.
GIRARD (P.-F.). Manuel de droit romain.
GIRARD (major). Belgique et guerre prochaine (*Lect.*, XI, 1890).
GIRARD DE RIALLE. Voir RIALLE.
GIRARD-MANGIN. Hygiène et prophylaxie antituberculeuses au début du xxᵉ siècle.
GIRARDIN (Mᵐᵉ de). Canne de M. Balzac. — Esprit de Madame de Girardin. — Lettres à Victor Hugo (*Revue mond.*, mai 1922).
GIRAUD (Dʳ). Le Carpentier, E.-H. Langlois, Brévière et Morin, graveurs (23 p.). — Impressions de voyage en Sicile (20 p.).
GIRAUD (H.). La linotypie.
GIRAUD (V.). Vie héroïque de Blaise Pascal. — Blaise Pascal (*R. D. M.*, juin 1923). — Etapes du xviiiᵉ siècle (*Idem*, juill 1924-janv. 1925). — Chateaubriand et l'Occitanienne (*Idem*, janv. 1925). — Chateaubriand et le génie du christianisme (*Idem*, oct. 1926).
GIRAUDOUX. Simon le Pathétique. — Siegfried et le Limousin. — Juliette au pays des hommes. — *Idem* (*Rev. Paris*, mai 1924). — Bella.
GIREAUDEAU. Vices du jour et les vertus d'aujourd'hui (*Lect.*, XXIV).
GIRIEUD (J.) et HERRENSCHMIDT (H.). Nouvelle-Calédonie.
GIROD (F.). Arithmétique.
GIROD (J.). Collab. COMBETTE. Mécanique.
GIRODIE (André). Martin Schongauer (*Maîtres de l'art*).
GIRON. Famille de la Marjolaine.
CLANVILLE. Histoire du prieuré de Saint-Lô de Rouen.
GLASSON. Histoire du droit et des institutions de la France. — Parlement de Paris.
GLEIZE. Veau d'or, 3 actes (*Illustr. théâtr.*, (1913).
GLEY (E.), collab. DUVAL (Mathias). Traité élémentaire de physiologie.
GLEZE (A.). Collab. A. HESSE. Sociologie.
GLYN. Visites d'Elisabeth.
GOBILLOT (R.). Collab. DIMIER. Basse-Normandie.
GOBINEAU. Souvenirs de voyage. — Prisonnier chanceux.
GOBLOT. Vocabulaire philosophique.
GOCHET. France coloniale.
GODARD (abbé). Espagne.
GODARD (L.-E.) et PERINET. Tarifs métriques pour la réduction du bois en grume.
GODEAU (M.). Menuiserie, parquetage, treillage.
GODEFROY. Littérature française au xixᵉ s.

GODON (Ch.). Publ. Manuel du chirurgien dentiste avec la collaboration de Cousin, Ducning, Frey, Friteau, Lemerle, Martinier, Masson, Rey, Sauvez, Serres, Wicart.
GODRON, collab. BABIN. Travaux d'amélioration de la Seine maritime.
GOELZER (H.) et MARTEL (L.). Lexique latin-français. — Collab. RIEMANN. Grammaire grecque.
GOETHE. Wilhelm Meister. — Werther, Hermann et Dérothée. — *Idem* (trad. GOUJON). — Faust (trad. H. Blase). — Théâtre (trad. A. Stapfer). — Poésies trad. H. Blase).
GOGOL. L'inspecteur.
GOGUELAT. Mémoires (*Bibl. des Mém.*, t. XXXIII).
GOHIER. Mémoires (*Bibl. des Mém.*, t. XXX).
GOLDONI. Mémoires (*Bibl. des Mém.*, t. VI).
GOLDSMITH (O.). Vicaire de Wakefield. — The vicar of Wakefield.
GOLDSMITH (M.), collab. DELAGE. Théories de l'évolution. — Parthenogenèse naturelle et expérimentale.
GONCOURT (E. et J.). Histoire de Marie-Antoinette. — La Du Barry. — Quelques créatures de ce temps. — La fille Elisa. — Frères Zemganno (*Lect.*, XXXII). — Germinie Lacerteux. — La Faustin. — Chérie. — Sœur Philomène. — *Idem* (*Lect.*, XIII). — Madame Gervaisais. — Journal.
GONNEVILLE. Voyage ès nouvelles terres de Indes. 1503-1505, publ. par d'Avezac.
GONZALES. Frères de la côte.
GORDON. Siège de Khartoum. — Lettres à sa sœur.
GORKY (Maxime). Mère. — Vagabonds. — Prêtre de la morale (*La Revue*, août 1907). — Notes et souvenirs (*Rev. de Paris*, sept. 1925).
GORON. L'amour à Paris. — Mémoires.
GORSSE (de) et FOREST. Procureur Hallers, 4 actes (*Illustr. théâtr.*, 1914. — Collab. PETER. Par-dessus les moulins (*L. P. T.*, juill. 1925).
GOSSE. Littérature anglaise.
GOSSELIN (E.). Usages et mœurs de MM. du parlement de Normandie (103 p.). — Glanes historiques normandes à travers les xvᵉ, xviᵉ, xviiᵉ et xviiiᵉ siècles.
GOSSIN. Machine à vapeur. — Photographie.
GOUARD (E.) et HIERNAUX (G.). Mécanique industrielle.
GOUDEAU (E.). Dix ans de Bohème (*Lect.*, XVI).
GOUJON (J.), trad. GOETHE, Hermann et Dorothée. — Collab. MARAIS. Code manuel des accidents du travail.
GOULD. Aux trois boules d'or.
GOULETTE. Absinthe et alcool dans la défense nationale.
GOUNOD. Mémoires d'un artiste.
GOUPIL. Dessin, aquarelle et lavis.
GOURAUD (Julie). Aller et retour. — Deux enfants de Saint-Domingue. — Petits voisins. — Minette. — Famille Harel.
GOURDAULT. Colbert.
GOURDON (Pierre). Sursaut (*Corresp.*, juin 1922).
GOURDON DE GENOUILLAC. Art héraldique.
GOURDOUX. Carte commerciale des chemins de fer français.
GOURIO. English grammar.
GOURMONT (R. de). Problème du style. —

Ed. GUERIN (M. de). Les plus belles pages.

GOW (Dr James) et REINACH (S.). Minerva.

GOYAU, collab. CAGNAT. Lexique des antiquités romaines.

GOYAU (Georges). Pensée religieuse de Joseph de Maistre (*R. D. M.*, mars 1921). — Origines religieuses du Canada (*Idem*, mars 1924). — Présence de la France au Vatican (*Idem*, sept 1924).

GOYAU (Mme Lucie Félix Faure) Un pressentiment païen du « Calvaire », le Prométhée d'Eschyle (*Corresp.*, mars 1914).

GOZLAN. Emotions de Polydore Marasquin. — Vivandière.

GRAFFIGNY. Electricité pour tous. — Applications industrielles de l'électricité. — Applications domestiques de l'électricité. — Pose et entretien des appareils électriques. — Ingénieur électricien. — A la conquête des mondes (*Revue mond.*, avril 1922).

GRAHAM. Voyage aux Indes orientales (*Voyages autour du monde*, t. X).

GRAILLY. Indispensable garantie. — Vérité territoriale et rive gauche du Rhin.

GRAMAIN. Fanna la Nomade (*Rev. Paris*, mai 1926).

GRAMMAIRE latine (Précis de).

GRAMMONT (M.). Prononciation française.

GRAMMONT (chevalier de). Mémoires, par HAMILTON.

GRAMMONT (comte de). Chant du passé. — Gentilshommes riches.

GRAND-CARTERET (G.). France jugée par l'Allemagne.

GRANDADAM. Marine et colonies. — France de Richelieu, de Colbert et France d'aujourd'hui. — Mise en valeur de nos colonies, 1923.

GRANDMAISON (de). En territoire militaire.

GRANDVILLIERS. L'Allemagne comme je viens de la voir.

GRANGER. La Mythologie.

GRANGIER (P.), collab. BADOUREAU (A.). Mines, minières et carrières.

GRAPPE. Trad. WENDELL (B.). La France d'aujourd'hui. — Un soir à Cordoue.

GRASSET (D[r]). Biologie humaine. — Le tabes.

GRAUX (L.). Fausses nouvelles de la grande guerre. — Réincarné.

GRAVES. Souvenirs d'un agent secret de l'Allemagne.

GRAVIER. Lettre et carte de Toscanelli à Fernand Martin et à Christophe Colomb. — Voyage de Soleillet à l'Adrar. — Jean Vauquelin de Dieppe. — Paul Soleillet. — Général Faidherbe. — Voyages de Verrazano sur les côtes d'Amérique. — Jean Parmentier, navigateur dieppois. — Jean Ango. — Les Normands sur la route des Indes. — Examen de la géographie de la Seine-Inférieure de M. l'abbé Tougard. — Village normand sous l'ancien régime. — Anciens normands chez eux et en France. — Madagascar. — Découverte de l'Amérique par les Normands, au Xe siècle. — Remise à M. Gravier des insignes de la Légion d'honneur (20 p.). — Voir MONFLIER (G.).

GREGH. Vie d'un poète [A. de Vigny]. Fragments inédits (*R. D. M.*, déc. 1920).

GREGOIRE (L.). Géographie générale.

GREGOIRE, IMBERT et DAUTY. Cours de chemins de fer. I. Etudes et travaux d'infrastructure. — II. Matériel fixe de la voie. — III. Superstructure et entretien de la voie.

GRENEST. Armée de la Loire. — Armée de l'Est.

GRENIER. Les Gaulois.

GRESSET. Morceaux choisis (*Petits poètes du XVIIIe s.*).

GREVILLE. Marier sa fille. — Croquis. — Koumiassine. — Perdue. — Dosia. — Fidelka. — Le mors aux dents. — Louk Loukitch (*Lect.*, II). — Epreuves de Raissa. — Sonia. — Examinateur (*Lect.*, XIX, 1892). — Seconde mère (*Idem*, VI, 1888). — Expiation de Savéli (*R. D. M.*, juill. 1876).

GREVY (A.). Arithmétique. — Algèbre. — Géométrie plane. — Géométrie dans l'espace. — Compléments de géométrie.

GRIERSON. Vallée des ombres.

GRIGNON (A.). Cosmographie.

GRIGNON (Eug.). Le cidre.

GRILLET. Rachel, tragédienne, 5 actes (*Illustr. théâtr.*, 1913).

GRIMARD. Esprit des plantes.

GRIMM (frères). Contes.

GRIMSHAW. Procédés mécaniques.

GRIOLET, VERGE et BOURDEAUX. Code du travail et de la prévoyance sociale.

GRISBOURDON. Contes en vers.

GRIVEL et DEMEUNIER. Dictionnaire d'économie politique et diplomatique (*Encycl. méthod.*, t. XXIX à XXXII).

GRONDIJS. Allemands en Belgique (*Pages d'hist.*, fasc. 34, t. XXII).

GROS (J.). Aventures et captivité de J. Bonnat.

GROSS-DROZ (Mme). Premiers soins aux malades et aux blessés.

GROUCHY (vicomte de) et MARSY (de). Thomas de Grouchy, sieur de Robertot.

GROUSSET. Histoire de l'Asie, 1922.

GROUVELLE et JANNEZ. Guide du chauffeur et du propriétaire de machines à vapeur et atlas.

GROVE (G.). Continents et océans.

GROVE (F.-C.). Caucase glacé.

GRUBER (abbé). Succès du traitement Kneipp.

GRUEBER (de). Sous les aigles autrichiennes.

GRUNE (Mme de). Château et chaumière.

GRUYER. Un mois en Normandie. — L'Atlantide du « prêtre Jean » (*Corresp.*, mars 1920). — Origines du tourisme (*Idem*, août 1920).

GUARDIA (J.-M.). Education dans l'école libre.

GUE (Paul). Luttes de Marguerite. — Cœurs blessés (*Mode prat.*).

GUEDON. Mécanicien de chemins de fer.

GUENARD. Comment on doit gérer son capital.

GUENIN. Leçons de sténographie.

GUENOT. Héritier de Duncastel.

GUERBET (M.). Lutte contre la tuberculose... en Grande-Bretagne.

GUERIN (L.). Marins illustres de la France. — Histoire maritime de la France.

GUERIN (M. DE). Les plus belles pages.

GUERLIN. Château de Chambord. — Touraine, Blésois, Vendomois.

GUERRE (Mme). Méthode de coupe.

GUERRE de 1870-71, par CHUQUET. — ROUSSET. — Général NIOX. — BARTHELEMY. — Général LEBRUN. — DICK DE LONLAY. — Origines diplomatiques de la guerre 1870-71.

GUERRE 1914-1918 (Anonymes). Documents officiels (juill.-oct. 1914.). — Rapports sur la violation du droit des gens. — *Idem* en Belgique. — Pages d'histoire. — Assistance aux prisonniers de guerre en Seine-Inférieure. — Coup d'œil d'ensemble sur la guerre. — Crimes des barbares. — Documents législatifs (Dalloz). — Dernière lettre de soldats. — Histoire de la guerre. — Lettres à tous les Français. — Historiques des régiments. — Régions dévastées. — J'accuse, par un Allemand. — Souvenirs de guerre d'un sous-officier allemand. — Tablettes chronologiques (Larousse). — Union des pères et des mères dont les fils sont morts. — Union des grandes Associations françaises contre la propagande ennemie.

GUESDE (L.). Guadeloupe et dépendance.

GUESVILLER. Catherinette (*Illustr.*, 1904).

GUIART. Parasites inoculateurs de maladies.

GUICHES. Céleste Prudhomat. — Vouloir, 4 actes (*Illustr. théâtr.*, 1913). — Souvenirs de la vie littéraire (*Rev. Fr.*, janv. 1925).

GUIDES. Guide de l'acheteur industriel (*Suppl. Technique moderne*). — Guide pratique d'éducation physique. — Guide Michelin, 1909. — Guide continental, 1911. — Guide Conty ; Belgique. — Guide du Syndicat d'Initiative de l'Aube. — Guide Diamant, Rouen et ses environs. — Guide bleu, Normandie (MONMARCHE). — Baedeker : Suisse.

GUIFFREY (J.). André Le Nostre (*Grands artistes*).

GUIFFREY (G.). Trad. THACKERAY. Foire aux vanités.

GUIGARD. Armorial du Bibliophile.

GUIGNEBERT. Christianisme médiéval et moderne. — Christianisme antique. — Vie cachée de Jésus. — Problème de Jésus. — Evolution des dogmes.

GUIGNON. Lexique ido-français.

GUILHERMY. Itinéraire archéologique de Paris.

GUILAINE. Langue anglaise.

GUILBERT (P.-J.-E.-V.). Hommes qui se sont fait remarquer dans la Seine-Inférieure.

GUILLAUME (A.) et CHILO (H.). Boissons hygiéniques dites de remplacement. — Valeur alimentaire des boissons de cidre. — Valeur hygiénique du lait. — Variations de la composition chimique du lait. — Commerce des laits concentrés. — Eaux de Javel. — Industrie de la margarine. — Conservation des eaux de Javel.

GUILLAUME (Ch. Ed.). Initiations à la mécanique.

GUILLAUME II. Tableaux d'histoire comparée.

GUILLAUME (Eug.). Discours. — Notices.

GUILLAUME (J.). Notions d'électricité.

GUILLEMAIN D'ECHON. Le 239e R. I.

GUILLEMARD (J.). Yacht sans nom.

GUILLEMARD (N.). Pêche à la ligne et au filet.

GUILLEMIN. Ciel. — Mondes. — Etoiles. — Soleil. — Lune. — Comètes. — Monde physique. — Vapeur. — Lumière et couleurs. — Son. — Feu souterrain. — Chemins de fer.

GUILLEMINOT. Matière et vie.

GUILLET. Enseignement technique supérieur. — Barbarie allemande (16 p.).

GUINNARD. Trois ans d'esclavage chez les Patagons.

GUIRAL (L.). Congo français.

GUIRAL (A.). Conciliation et arbitrage entre patrons et ouvriers (144 p.).

GUIRAND. Livres diplomatiques, 1915 (87 p.).

GUIRAUD (Ed). Anna Karénine, 5 actes *Illustr. théâtr.*).

GUITET-VAUQUELIN, HOUDIN et MACORLAN. Initiation à la vie du livre.

GUITRY. Prise de Berg-op-Zoom, 4 actes (*Illustr. théâtr.*).

GUIZOT. Corneille et son temps. — Histoire de la civilisation en Europe. — Histoire de la civilisation en France. — Mémoires (*Lect. rétr.*, XIX).

GUSMAN (P.). Venise (*Villes d'art célèbres*).

GUY (J.). Sénèque. Notice, analyse et extraits. Tacite (*Idem.*).

GUY-GRAND (Georges). Sophismes de paix (64 p.).

GUYARD DE BERVILLE. Bertrand Du Guesclin.

GUYAU. Irréligion de l'avenir. — Education et hérédité. — Art au point de vue sociologique. — Esquisse d'une morale sans obligation ni sanction.

GUYON (Ch.). Aventures d'une famille russe.

GUYON (Fr.). Loi sur les accidents de travail.

GUYOT (Ch.) et WEGENER. Livre des Vikings. — Légende de la ville d'Ys.

GUYOT (Ed.). L'Angleterre, sa politique intérieure.

GUYOT (Lt.). De Montélimar à Constantinople.

GUYOT (Yves). Economie de l'effort. — Science économique.

GYMNASTIQUE. Manuel d'exercices gymnastiques.

GYP. Age du muffle. — Age du toc. — Amoureux de Line. — Autour du divorce. — Autour du mariage. — Bassinoire. — Bijou. — Bonheur de Ginette. — Bonne galette. — Cayenne de Rio. — Ceux de la nuque. — Ceux qui s'en foutent. — Chasse de Blanche. — Cloclo. — Cœur de Pierrette. — Ce que femme veut. — Education d'un prince. — Ces bons Normands. — Doudou. — Fée surprise. — Femmes du colonel. — Friquet. — Froussards. — Ginguette. — Jacquette et Zouzou. — Journal d'un cochon de pessimiste. — Joies d'amour. — Maman. — Mariage de chiffon. — Mariage chic. — Meilleure amie. — Ménage dernier cri. — Miche. — Profitards. — Province. — Passionnette. — Petits amis. — Tante Joujou. — *Idem* (*Lect.*, xxv). Totote. — Petit Bleu (*Lect.*, XX). — Mademoiselle Loulou. — Les Poires. — Geneviève.

H

HAARDT (G.-M.) et ARDOUIN-DUBREUIL. Traversée du Sahara en automobile.

HACHET-SOUPLET (P.). Genèse des instincts.

HACKS. Le geste.

HAECKEL. Enigmes de l'univers. Origine de l'homme.

HAEFFELE et DUPONT. Aide-mémoire de la filature du coton.

HAGGARD (Rider). Elle (She).

HALEVY. Criquette. — Princesse. — Abbé Constantin. — *Idem* (*Lect.*, II). — Karikari. — Madame et Monsieur Cardinal. — Petites Cardinal. — Famille Cardinal. — Marcel (*Lect.*, IX). — Notes et souvenirs (*Idem*, X). — Récits de guerre (*Idem*, XIX). — Un scandale (*Idem*, XVI).

HALLARD. Trad. MERRIMAN. Simiacine.

HALLAYS (André). Nancy (*Villes d'art célèbres*). — Beaumarchais. — Opinion allemande pendant la guerre (*R. D. M.*, nov. 1918-janv. 1919). — Souvenirs d'Alsace (*Conférence L. P. T.*, 1914). — Charles Perrault (*Rev. hebd.*, mars 1924). — Jean de La Fontaine (*R. D. M.*, juill. 1921). — Madame de Sévigné (*Rev. hebd.*, mars 1920).

HALLAYS-DABOT. Censure théâtrale en France.

HALLER. Clou au couvent. — Vertu.

HALLEY. Anthologie des Violetti.

HALPHEN-ISTEL. Quelles histoires racontez-vous à vos enfants.

HALT. Histoire d'un petit homme.

HAMEAU. Jours heureux.

HAMEL (E.). Thermidor. — Premier empire. — Seconde république. — Précis de l'histoire de la Révolution.

HAMEL (M.). Albert Durer (*Maîtres de l'art*). Titien. Biographie critique, 1902.

HAMELIN. Douze ans de ma vie (*Rev. Paris*, nov. 1926).

HAMILTON. Mémoires du chevalier de Grammont.

HAMM. Bronze d'art, ciselure et gravure.

HAMONIERE (G.). Cours de thèmes anglais.

HAMP. Cantique des cantiques. — Lin. — Rail. — Métiers blessés. — Travail invincible.

HAMSUN. Au pays des contes. — Victoria. — Au seuil du royaume, 4 actes (*Cahiers dramat.*).

HANOTAUX. Démocratie et travail. — Fachoda. — France en 1614. — Histoire de la France contemporaine. — Bataille de Guise-Saint-Quentin (*R. D. M.*, sept. 1918). — Enigme de Charleroi (*R. D. M.*, août-sept. 1917). — Jeanne d'Arc. — Fin de la guerre (*R. D. M.*, juill. 1924).

HANOUN (Leila). Souvenirs d'Albanie (*Rev. Paris*, mai 1924).

HANSKA DE BALZAC (Mme). Lettres inédites au comte Adam Rzewuski (*Rev. hebd.*, déc. 1924).

HANS. Second siège de Paris.

HANUS. Collab. BISTON. Manuel de charpentier.

HARAUCOURT. Daah. — Oncle Maize.

HARCOURT (d'). Souvenirs de captivité.

HARDY (abbé). Lisieux et ses foules.

HARDY (Th.). Maire de Casterbridge. — Petites ironies de la vie. — Tess d'Uberville.

HARMAND. Domination et colonisation.

HARRADEE. Oiseleur (*Mode pratique*).

HARRY. — Ile de volupté. — Madame Petit Jardin. — Siona à Paris. — Divine Chanson. — Petite fille de Jérusalem. — Tendre cantique de Siona. — Siona chez les barbares. — Les Druses (*Rev. Paris*, sept. 1925).

HARTOY. Origange.

HATIN. Le journal.

HATZFELD et **DARMESTETER.** Dictionnaire de la langue française.

HAUFF. Caravane. — Auberge du Spessart.

HAUG. Traité de géologie.

HAUMANT. Russie au XVIIIe siècle. — Ed. RAMBAUD. Histoire de la Russie.

HAUMONT et **LEVAREY.** Transports maritimes.

HAURIOU. Droit administratif et droit public.

HAURY. Vie ou mort de la France.

HAUSSET (Mme du). Mémoires (*Bibl. des Mém.*, t. III).

HAUSSONVILLE (d'). Souvenirs de Mme de Caylus. — Lacordaire. — Mme de La Fayette. — Mme de Stael à Berlin. — Derniers souvenirs (*R. D. M.*, oct. 1924).

HAUTERIVE (d'). Mission du prince Napoléon en Italie (*R. D. M.*, mai 1925). — Enlèvement du sénateur Clément de Ris.

HAUVETTE. Littérature italienne. — Ghirlandaio (*Maîtres de l'art*).

HAVARD. Peinture hollandaise.

HAVARD. Moyen âge et ses institutions.

HAVET. Christianisme et ses origines.

HAYES. Mer libre du pôle.

HAZON DE **SAINT-FIRMIN.** Affaire de Saluces et Henri de Guise (72 p.).

HEADLAM. Angleterre, Allemagne, Europe (16 p.).

HEADON-HILL. Sous peine de mort.

HEARN. Lettres inédites (*La Revue*, avril 1910).

HEBERT (abbé). Révolution à Rouen et dans le pays de Caux (68 p.).

HEBERT (G.). Guide d'éducation physique. — Muscle et beauté plastique.

HEBERTOT. Polyphème victorieux (drame en vers (*Monde illustré*, 1911).

HEINE (Henri). Tambour Le Grand, suivi du voyage en Italie. — Lettres à son frère Gustave (*Rev. France*, nov. 1924). — L'Intermezzo (*Lect. rétrosp.*, XVIII). — Méphistophela et la légende de Faust (*R. D. M.*, mars 1852). — Dieux en exil (*Idem*, avril 1853). — Poésies, trad. du « Livre des chants », par P. Vrignault (*R. D. M.*, nov. 1856).

HEINE (Gustave). Dernières années de Henri Heine (*Rev. France*, nov. 1924).

HELENE. Poudre à canon. — Galeries souterraines.

HELIE (F.). Collab. RIVIERE. Code de commerce. — Code civil.

HELTZENDORF (von). Secrets de Potsdam, publ. par LE QUEUX.

HEMON (F.). Ed. BUFFON. Œuvres choisies.

HEMON (L.). Maria Chapdelaine. — La belle que voilà. — Colin-Maillard.

HENARD. Rouen illustré.

HENNEBERT (Lt-c^l). Les torpilles.

HENNEGUY (F.). Histoire contemporaine de l'Italie.

HENNESSY (J.). Réorganisation administrative de la France.

HENNEZEL (d'). Seconde faute.

HENNIQUE. Un caractère.

HENRIOT (E.). Carnet d'un dragon. — Aricie Brun. — Duclos (*Rev. Paris*, avr. 1925). — Collab. BOULENGER. Animaux de sport.

HENRIOT-BOURGONGNE. Trad. ORCZY. Le mouron rouge.

HENRIQUE. Colonies d'Afrique. — Colonies et protectorats de l'Océan pacifique.

HENRY (Marc). Vienne, Munich. Berlin.

HENRY (O.). Cabbages and Kings.

HERBAT (Léon).

HERÇAY. Nettoyage, dégraissage.

HERCE. Trad. Un Anglais à Paris.

HEREDIA (de). Les trophées.

HERELLE (F. d'). Défenses de l'organisme.

HERELLE (G.). Trad. G. d'ANNUNZIO et BLASCO-IBANEZ.

HERICOURT. Frontières de la maladie. — Hygiène moderne. — Maladies des sociétés, tuberculose, syphilis, alcoolisme et stérilité.

HERISSON (comte d'). Journal d'un officier d'ordonnance, 1870-1871. — Cabinet noir. Louis XVII, Napoléon, Marie-Louise. —

Journal d'un interprète en Chine. 1886. — Légende de Metz. — Nouveau journal d'un officier d'ordonnance. La Commune. — Campagne d'Italie. — Autour d'une Révolution. — Drame royal.

HERMANT (Abel). Aube ardente. — Autre aventure du joyeux garçon. — Biche relancée. — Carrière. — *Idem* (*Lect.*, XXIX). — Cavalier Miserey. — Char de l'Etat. — Chroniques du cadet de Coutras. — Confession d'un enfant d'hier. — Confession d'un homme d'aujourd'hui. — Confidences d'une aïeule. — Confidences d'une biche. — Cycle de lord Chelsea : I. Le suborneur. — II. Le loyal serviteur. — III. Dernier et premier amour. — Fameuse comédienne. — Grands bourgeois. — Heures de guerre de la famille Valadier. — Histoire héroïque de mon ami Jean. — Monsieur de Courpière, marié. — L'Exode (*Rev. France*, avril 1926). — Rival inconnu. — Sceptre. — Souvenirs du vicomte de Courpière. — Surintendante. — Surmenage sentimental (*Lect.*, XI). — Transatlantiques. — Cadet de Coutras, 5 actes (*Monde illustré*). — Rue de la paix, 3 actes (*Idem*). — Semaine folle, 4 actes (*Idem*). — Transatlantiques, 3 actes (*Idem*). — Entretiens sur la grammaire.

HEROLD (A.-F.). Vie du Bouddha.

HERUBEL. France au travail. II. De Dunkerque à Saint-Nazaire (*Pays modernes*).

HERRIOT. Russie nouvelle. — Madame Récamier et ses amis. — Dans la forêt normande.

HERVAL. Les conquéreurs. — Lisieux, cité normande.

HERVE (A.) et LANOYE (F. de). Dans les glaces du pôle arctique.

HERVIEU. Flirt. — Armature. — Peints par eux-mêmes. — *Idem* (*Lect.*, XXV. — Inconnu. — *Idem* (*R. D. M.*, mai 1887). — Petit duc. — Yeux verts et yeux bleus. — *Idem* (*Lect.*, XVII). — Alpe homicide. — Deux plaisanteries. — Course au flambeau (*Ill. théâtr.*, 1909).

HERVILLY (d'). Caprices.

HESNARD (Dr A.). Psychoses.

HESS (Jean). Catastrophe de la Martinique.

HESSE (A.) et GLEYZE (A.). Notions de sociologie.

HEURS (d'). Charmeuse.

HIERNAUX. Collab. GOUARD. Mécanique industrielle.

HILL (Marion). A slack wire.

HILL (David Jayne). Etat moderne et organisation internationale. Trad. Mme BOUTROUX.

HINZELIN. En Alsace-Lorraine. — Légendes d'Alsace.

HIRN (Yrjö). Jeux d'enfants.

HIRSCH (C.-H.). Amour en herbe. — Chèvre aux pieds d'or. — Cœur de Poupette. — Crime de Potru. — Demoiselle de comédie. — Petit Louis.

HISTOIRE. Histoire résumée de la guerre, 1914-1918. — Histoire de France contemporaine de 1871 à 1913 [par Maxime Petit].

HISTOIRES (Leurs meilleures). Petite anthologie des auteurs gais contemporains (Cf. AURIOL).

HISTORIQUES. Historique du 21e rég. territorial d'infanterie. — Du 274e rég. d'interie. — Du 22e rég. d'inf. territoriale. — Du 74e. — Du 239e. — Du 403e.

HITIER. Culture et assolement.

HOCKING (J.). Facing fearful odds.

HOEFER (F.). Histoire de la physique et de la chimie.

HOEFER (Dr). Nouvelle biographie générale... publ. par Firmin DIDOT.

HOFFMANN. Contes fantastiques. — Contes, récits et nouvelles.

HOLLAND (Lord). Souvenirs (*Bibl. des Mém.*, t. XXVII).

HOLLEBECQUE. La grande mêlée des peuples, 1914.

HOLMES (O.-W.). Elsie Venner.

HOMAIS (R.). Millénaire normand, 1911. Catalogue des expositions des graveurs et portraits normands. — Evolution de l'estampe française au XIXe s.

HOMBERG (O.). Financier dans la cité.

HOMBERG (Th.). Connaissances les plus utiles aux habitants de la campagne.

HOMERE. Œuvres complètes (trad. P. GIGUET). — Odyssée, Iliade (trad. LECONTE DE LISLE).

HOMMELL (R.). Apiculture.

HOMO (L.). Problèmes sociaux.

HOMOLLE. Vierge de l'Acropole (*Pages d'histoire*, fasc. XXIII).

HONORE (F.). Effort français pendant la guerre.

HORMET (P.). Manuel de la mémoire.

HORST VON DER GOLTZ. Souvenirs d'un agent secret du kaiser (*L. P. T.*, t. XXI).

HORTENSE (Reine). Mémoires (*R. D. M.*, juin 1926).

HOSPITALIER. Recettes de l'électricien. — Formulaire de l'électricien et du mécanicien.

HOUDAILLE. Les énergies mystérieuses.

HOUDIN (R.). Comment on devient sorcier.

HOUEL. Courses au trot.

HOULLEVIGUE. Evolution des Sciences. — Du laboratoire à l'usine.

HOUPIN (C.). Sociétés civiles et commerciales.

HOUREY (P.-A.). Le doublon de Ramatavei (*Rev. hebd.*, juill. 1926).

HOURTICQ. Rubens (*Maîtres de l'art*). Histoire de l'art.

HOUSSAYE (A.). Notre-Dame de Thermidor. — Louis XV. — Louis XVI. — Roman de la duchesse. — Mademoiselle Mariani. — Violon de Franjolé. — Femme fusillée. — Amour comme il est. — Cent et un sonnets. — Edit. CHAMFORT. Œuvres.

HOUSSAY (F.). Nature et sciences naturelles. Force et cause.

HOUSSAYE (H.). 1814. — Première Restauration. — Waterloo. — Seconde abdication.

HOUVILLE (d'). Tant pis pour toi. — La nuit porte conseil. 1 acte (*R. D. M.*, sept. 1917). — Collab. BOURGET, Duvernois, Benoît. Le roman des quatre.

HOVELACQUE (A.). Linguistique.

HOVELAQUE (H.). Anthologie irlandaise.

HOVELAQUE (E.). Chine. — Japon.

HOWARD (Keble). Epopée de Zeebrugge (*Pag. d'hist.*, n° 158).

HUART. Littérature arabe.

HUDAULT et MARGUERIN. Histoire des temps modernes.

HUBERT (A.-J.). Adapt. COOPER (F.). Dernier des Mohicans.

HUBERT (L.). Effort allemand.

HUBERT (R.). Interprétations de la guerre.

HUBERT-BOURGIN (Mme). Petites vies.

HUCHON. Littérature anglaise.

HUET. Contes populaires.
HUE (Jude). Etincelles et cendres. — Assainissement de Rouen (104 p.).
HUGO (Victor), *Poésie*. Année terrible. — Art d'être grand-père. — Chanson des rues et des bois. — Châtiments. — Contemplations. — Dieu. — Enfants (Livre des mères). — Feuilles d'automne. Chants du crépuscule. — Fin de Satan. — Légende des siècles. — Odes et ballades. — Orientales. Pape. — Pitié suprême. — Religion et religions. L'âne. — Quatre vents de l'esprit. — Voix intérieures. Rayons et ombres. — Toute la lyre. — *Théâtre*. Amy Robsart. Jumeaux. — Angelo. — Burgraves. — Cromwell. — Hernani. — Lucrèce Borgia. — Marie Tudor. — Marion de Lorme. — Roi s'amuse. — Ruy Blas. — Théâtre en liberté. — Torquemada. — *Roman*. Bug Jargal. — Claude Gueux. — *Idem* (*Lect. rétr.*, IV). — Dernier jour d'un condamné. — Han d'Islande. — Homme qui rit. — Misérables. — Notre-Dame de Paris. — Quatre-vingt-treize. — *Idem* (*Lect. rétr.*, XII). — Travailleurs de la mer. — *Mélanges*. Avant l'exil. — Pendant l'exil. — Depuis l'exil. — Lettres à la fiancée. — Littérature et philosophie. — Rhin (Lettres à un ami). — Napoléon le Petit. — Histoire d'un crime. — En voyage : Alpes et Pyrénées. — France et Belgique. — Shakespeare. — Lettres à Alfred de Vigny (*R. D. M.*, févr. 1925).
HUGO (Charles). Les Misérables, drame.
HUGONNEY. Souvenirs d'un chef de bureau arabe.
HUGUES. Chanson de Jehanne d'Arc.
HUGUES (P. d'), éd. SCHUMACHER. Journal et souvenirs.
HUISMAN (G.). Pour comprendre les monuments de Paris.
HUNGER (V.). Histoire de Verson. — Barbès au Mont Saint-Michel. — Un épisode de l'histoire de Tombelaine (27 p.). — La tour Chatimoine à Caen (27 p.). — Quelques actes normands des XIVe, XVe et XVIe siècles.
HUOT et VOIVENEL. Courage. — Cafard. — Psychologie du soldat.
HURET (abbé). Flavia.
HURET. De Hamburg aux marches de Pologne. — Rhin et Westphalie. — Bavière et Saxe. — Amérique moderne. — De Buenos-Aires au Gran-Chaco.
HUTCHINSON (A.-S.-M.). Quand vient l'hiver.
HUXLEY (Th.). Premières notions sur les sciences.
HUYSMAN (Marcelle et George). Légendes du moyen âge français.
HUYSMANS (J.-K.). Bièvre. — Cathédrale. — Oblat. — Foules de Lourdes. — Là-bas. — En route. — Certains. — Sœurs Vatard. — Trois églises. — Sainte-Lydwine. — En rade.
HYACINTHE-LOYSON. Nos bons amis les Anglais.
HYDE (James-H.). Littérature française aux Etats-Unis (*Conf. L. P. T.*, 1914).
HYMANS. Bruges et Ypres (*Villes d'art célèbres*). — Bruxelles (*Idem*). — Gand et Tournai (*Idem*).

I

IBSEN. Petit Eyolf. — Brand. — J.-G. Borkman. — Solness. — Peer Gynt. — Hedda Gabler. — Canard sauvage. Rosmersholm. — Revenants. Maison de poupée. — Ennemi du peuple. — Dame de la mer. — Comédie de l'amour. — Lettres. — Quand nous nous réveillerons. — Lettres à une jeune fille (*La Revue*, sept. 1906).
IDEVILLE (d'). Petits côtés de l'histoire.
ILG. Homme fort.
ILLUSTRATION. Journal, 1843-1896. — Romans de l'Illustration. — Illustration théâtrale. — Illustration économique et financière, numéros spéciaux, Syrie et Seine-Inférieure.
IMPOT du timbre.
IMPOTS (nos). Exposé des impôts directs.
INCLAN. Sonate d'été (*Rev. France*, mai 1924). — Sonates de printemps et d'été. — Sonate d'automne (*Rev. France*, août 1925). — Sonate d'hiver (*Idem*, juin 1926).
INDO-CHINE française. I, Annam [Photographies].
INSTANTANE (l'). Supplément de la Revue hebdomadaire, années 1912 et suiv.
INSTITUT international de bibliographie. Manuel pour le répertoire bibliographique de la locomotion et des sports.
IOTEYKO (D^r^). La fatigue.
IRLANDE. Terreur militaire en Irlande [par Erskine CHILDERS]. — Commission d'enquête américaine sur la situation de l'Irlande.
IRVING (Wash.). Tales from the sketch-book and the Alambra.
ISLE (Mlle d'). Histoire de deux âmes.
ISLE-ADAM (DE). Voir VILLIERS DE.
IVRAY (Jehan d'). Au harem (*La Revue*, mars 1910). — La Cité de joie (*Revue mond.*, juin 1921).
IVOI (Paul d'). Mission Galliéni. — Mission Marchand. — Lieutenant-colonel Monteil.
IZART (J.). Belgique au travail (*Pays modernes*).
IZOULET et FAUCIGNY-LUCINGE (de). Trad. ROOSEVELT. La vie intense.

J

J'ACCUSE, par un Allemand.
JACCARD. Pétrole, asphalte et bitume.
JACOB (P.-L.). Curiosités des sciences occultes. — Curiosités infernales. — Recueil de farces. — Ed. OLIVIER-BASSELIN. Vaux-de-Vire. — Ed. FOURNIER. Enseignes de Paris.
JACOBS (W.-W.-J.). L'amour est de la traversée.
JACOLLIOT. Côte d'ébène. — Voyage aux ruines de Golconde. — Voyage au pays des palmiers. — Mangeurs de feu. — Capitaine de vaisseau.
JACOP. Contes cauchois.
JACQUEMART (A.). Merveilles de la céramique.
JACQUEMART (P.), collab. BOIS (J.-F.). Industrie de nos jours.
JACQUES (Henri). Les noyés.
JACQUIN et FABRE (A.). Crimes de M. Tapinois (*L. P. T.*, mars 1924).
JAILLANT (L.). Ed. LAMBERT. Manuel du pêcheur.
JAGOT (P.-C.). Une parfaite mémoire.
JAGOT (H.). Simple histoire de Jean Guinaudeau (*Corresp.*, sept. 1919).
JALLIFFIER et VAST. Histoire du moyen âge et des temps modernes. — Histoire contem-

poraine. — Histoire des temps modernes et contemporains.

JALOUX (Edmond). Au-dessus de la ville. — Sangsues. — Fin d'un beau jour. — Profondeurs de la mer (*R. D. M.*, 15 mai 1922). — Amour de Cécile Fougère. — Fête nocturne. — Age d'or.

JAMAIN et TERRIER. Manuel de petite chirurgie.

JAMES (H.). Américain à Paris (trad. BOCHET). — Leçon du maître (trad. Mme Ch. DU BOS (*Rev. hebd.* avr. 1922).

JAMES (Chevalier) [G. Genevoix]. Vicomte de l'Aubette.

JAMES (William). Précis de psychologie (trad. BAUDIN et BERTIER). — Pragmatisme (trad. Le BRUN). — Volonté de croire trad. L. MOULIN). — Philosophie de l'expérience (trad. LE BRUN et M. PARIS).

JAMETEL. Pékin.

JAMMES (F.). Feuilles dans le vent. — Ma fille Bernadette. — Monsieur le Curé d'Ozeron (*Rev. hebd.*, mai 1918).

JANET (Paul). Traité élémentaire de philosophie. — Histoire de la philosophie. — La famille. — Électricité industrielle.

JANET (Pierre). Manuel du baccalauréat. — Automatisme psychologique. — Névroses. — Médecine psychologique.

JANIN (J.). Contes non estampillés. — Oiseaux bleus. — L'âne mort. — Petits romans d'hier et d'aujourd'hui. — Fin d'un monde et du neveu de Rameau. — Interné. — Lettres à Victor Hugo (*Revue mond.*, janv. 1922).

JANNET (Cl.). Etats-Unis contemporains.

JANNIN (G.). Vache laitière de rapport. — Collab. LABOUNOUX et CROISE. Agriculture en Seine-Inférieure.

JANNIN (J.). Art d'élever les serins et canaris.

JANVIER, collab. LENORMAND et MAGNIER. Manuel de l'horloger, nouv. éd. par STAHL, et atlas.

JARAY. Albanie inconnue.

JAUBERT. Contes populaires russes.

JAUNEAUD. Evolution de l'aéronautique. — Aviation militaire et guerre aérienne.

JAUNEZ, collab. GROUVILLE. Chauffeur de machine à vapeur.

JEAN (Albert). Vallée de larmes.

JEANBERNAT. Lettres de guerre.

JEANNE. Masque aux yeux rouges (*L. P. T.*, nov. 1920).

JEANNE D'ARC. Encyclopédie par l'image. — Voir BIOTTOT, BOUCHER, BOUQUET, BRUNON, DUBOSC, FABRE, FRANCE, HANOTAUX, LANG, LEMIRE, SCHAW, SEPET, TOUCHET, VALIN.

JEANNENEY. Associations et syndicats de fonctionnaires.

JEANNIN, collab. LANGLEBERT et LEFRANC. Manuel du baccalauréat, physique, chimie, histoire naturelle.

JEANROY (B.-A.). Deux cœurs.

JEROME (J.-K.). Malvina of Brittany.

JEROMSKY. Plus blanc que neige (*Suppl. Rev. hebd.*).

JEUX de balle et de ballon par un juge du camp.

JEVONS (W.-Stanley). Economie politique, trad. H. GRAVEZ.

JOANNE (A.). Géographie de la Seine-Inférieure. — Du Calvados. — De la Manche. — De l'Eure. — De la Somme. — De l'Orne.

JOANNE (P.). Dictionnaire géographique. — Normandie, routes.

JOANNIS. Cours de chimie.

JOANTHO. Triomphe de la Marseillaise.

JODELLE. Pièces choisies (*Poètes de la Pléiade*).

JOHANET (F.-E.). Autour du monde millionnaire américain.

JOHANNET (R.). Eloge du bourgeois français. — *Idem* (*Rev. hebd.*, mai 1923).

JOINVILLE (P. de). Vieux souvenirs (*Lect.*, XIX).

JOINVILLE. Mémoires. — Extraits, par H. VAST.

JOLIET. Les Athéniennes.

JOLY (H.). L'imagination. — Ouvrages philosophiques de l'enseignement classique. — Droit féminin.

JOLY (N.). L'homme avant les métaux.

JONVEAUX. Deux ans dans l'Afrique orientale.

JORAN. Péril de la syntaxe.

JORDAN. Choix de discours (*Orateurs de la Révolution*).

JORGA. Relations entre la France et les Roumains.

JORGENSEN. Pèlerinage de ma vie (*Rev. hebd.*, déc. 1925).

JOSIPOVICI (A.), collab. ADES. Livre de Goha le Simple.

JOTEYKO (D^r). Voir IOTEYKO.

JOUAN (H.). Chasse et la pêche des animaux marins. — Iles du Pacifique.

JOUBIN (D^r). Vie dans les Océans. — Métamorphoses des animaux marins.

JOUEN (chan.). Jumièges.

JOUENNE (L.). Pêchez au bord de la mer.

JOUGLET. Dernier corsaire (*Rev. Paris*, sept. 1924).

JOURDAN (G.). Justice criminelle en France.

JOURDAN (L.) et DELORD (T.). Célébrités du jour (1860).

JOURDY. Patriotisme à l'école.

JOURGNIAC SAINT-MEARD (de). Journées de septembre 1792 (*Bibl. des Mém.*, XVIII).

JOURNAL de la jeunesse, 1901.

JOURNAL des Débats (Livre du centenaire).

JOURNAL des voyages, 1877-1896.

JOURNAL officiel de la République sous la Commune de 1871.

JOURNAL de Sotteville, 1924 et suiv.

JOUSSELIN. A la veille de la victoire (8 p.).

JOUSSET. Espagne et Portugal illustrés.

JOUVIN. L'Eglise et la France de 1848 à 1870.

JOUY. Hermite en province.

JOYEUX. Afrique française.

JUBILE des lycées et collèges de jeunes filles et de l'école normale de Sèvres.

JUBIN (G.), collab. MAUREY. Aventures de M. Haps.

JUILLERAT. Soirs d'octobre.

JULIA. Fatalité de la guerre.

JULIAN (Ch.-P.), FONTAN (P.). Anthologie du félibrige provençal.

JULIEN (Mgr E.-L.). Le Prêtre.

JULLIAN (C.). Extraits des historiens français du XIXe s. — Gallia. — De la Gaule à la France. — Pas de paix avec les Hohenzollern (8 p.).

JULLIEN (C.-E.). VALERIO (O.) et CASALONGA (D.-A.). Manuel complet du chaudronnier. Nouv. éd. par G. PETIT.

JULLIOT (Ch.-L.). Education de la mémoire.

JUMACE (L.) et LAFFARGUE (L.). Manuel du monteur électricien.

JUNG. Vie européenne au Tonkin.
JUNKA. Fiancée du comte Guy.
JUPILLES (de). Jacques Bonhomme chez John Bull.
JUSSERAND (J.-J.). Ronsard. — Anglais au moyen âge.
JUSTICE (O.). Art français dans les monuments civils.

K

KAHN (G.). Contes juifs.
KANASIRSKY (G.). Langue bulgare.
KANN (R.). Journal d'un correspondant de guerre en Extrême-Orient [en 1904].
KANT. Raison pure.
KARR. Agathe et Cécile. — Pénélope normande. — Guêpes. — Siècle des microbes. — Sous les tilleuls. — Voyage autour de mon jardin.
KAUFFMANN. Chronique de Rome.
KAYSER. Microbiologie agricole.
KELLER. Sept légendes.
KERALIO (de). Dictionnaire d'art militaire (*Encyc. méth.*, t. X à XIV).
KERENSKY. L'effondrement (*Rev. hebd.*, janv. 1920).
KERGOMARD. Géographie économique.
KERLECQ (de). Nuits égyptiennes.
KERVALL. Nique et Paul.
KESSEL. Equipage. — Thé du capitaine Sogoub (*Rev. France*, sept. 1925). — Makno et sa juive (*Rev. hebd.*, févr. 1926). Collab. SUAREZ. Enquête sur les élections du 11 mai (*Idem*, avr. 1924). — Enquête sur la Chambre du 11 mai (*Idem*, août 1924).
KIPLING. Guerre sur mer. — Lumière qui s'éteint. — Simples contes des collines. — Sa Majesté le roi. — Nouveaux contes des collines. — Etrange chevauchée de Morrowbie Jukes (*Illustr.*, 1900). — Livre de la jungle. — Second livre de la jungle. — Homme qui voulut être roi. — Chat maltais. — Une ligne droite d'importance (*Rev. Paris*, fév. 1925). — Il avait du « cran » (*Idem*, avr. 1925).
KISTEMAECKERS (H.). Occident, 3 actes (*Illustr. théâtr*). — Collab. DELARD. La Rivale, 4 actes (*Illustr. théâtr.*).
KISTER (C.), collab. ROTTECK. Dictionnaire allemand-français et français-allemand.
KLAPROTH. Voyage au Mont Caucase (*Voyag. autour du monde*, t. XI).
KLEIN (abbé). Mon filleul au jardin d'enfants. — *Idem*. Comment il s'élève. — Découverte du vieux monde, par un étudiant de Chicago. — Au pays de la « vie intense ». — Douleurs qui espèrent (*Corresp.*, mars 1916).
KLEINCLAUSZ (A.). Le christianisme, les barbares (*T. II* (I) *Hist. de Fr. Lavisse*). — Claus Sluter (*Maîtres de l'art*).
KLEIST. Cruche cassée. 1 acte (trad. BASTIAN), suivi de KOTZEBUE et LESSING.
KLOTZ (G.), trad. BOECKMANN (Fr.). Celluloïd. Soie artificielle.
KOCK (P. de). Enfant de ma femme. — Laitière de Montfermeil. — Georgette.
KOEBEL. Argentine moderne.
KOLBERT. Barines et moujiks.
KOSZUL. Anthologie anglaise.
KOTZEBUE (à la suite de KLEIST). Petite ville allemande, 4 actes (trad. BASTIAN).

— Voyage de Saint-Pétersbourg à Paris (*Voyag. autour du monde*, t. XI).
KOURAKINE (princesse). Dix-huit mois dans les prisons bolchevistes. (*R. D. M.*, nov. 1922).
KRESTOFFSKY. Ténèbres d'Egypte.
KRON. Der kleine Deutsche.
KRUEGER. Sources du droit romain. Trad. BRISSAUD.

L

L*** (Pauline). Livre d'une mère.
LABAT. Dans la peau du rôle (*Illustr.*, 1912). — Maison de la peur (*Idem*, 1909-1910). — Mouette (*Idem*, 1907).
LABBE (A.). Faits et pensées. — Sagesse des nations (1681).
LABBE (E.) et BEAUVAIS (P.). Notions de dessin industriel. — Cours de dessin industriel.
LABBE (M.). Dactylographie.
LABBE (Paul). Mur d'ombre.
LA BEAUME. Colette.
LABEDOLLIERE (de). Garde nationale.
LABICHE. Théâtre complet.
LA BLANCHERE (de). Voyage au fond de la mer. — Oncle Tobie.
LABONNE. Sténographie Prévost-Delaunay.
LABONNE (Dr). Comment on se défend du rhumatisme.
LABORDE (A.). Mesures employées en radio-activité.
LABORDE (Léon de). Bibliothèque de la cathédrale de Rouen (84 p.).
LABORIE (L. de). Voir LANZAC DE LABORIE.
LABOUCHERE (G.), trad. HAGGARD. She [Elle].
LABOULAYE (Ch.). Cinématique. — Dictionnaire des arts et manufactures.
LABOULAYE (E.). Nouveaux contes bleus.
LABOUNOUX (P.), JEANNIN (G.) et CROISE (P.). Agriculture dans la Seine-Inférieure.
LA BRETE. Mon oncle et mon curé. — *Idem* (*Lect.*, XV). — Aile brisée. — Deux sommets. — Vieilles gens, vieux pays. — Caractère de Française. — Un vaincu. — La solitaire. — Le rubis (*Corresp.*, nov. 1922).
LABRIFFE. Manuel de tissage.
LABROSSE. Travaux d'histoire et d'archéologie, de 1913 à 1923, en Normandie, Anjou, Blésois (*Assises de Caumont*, 1923).
LA BRUYERE. Caractères.
LACAUSSADE. Les épaves.
LACHAMBEAUDIE. Fables et poésies.
LACHAPELLE. Nos finances pendant la guerre.
LACOMBE. Sculpture sur bois. — Peinture et vernissage des métaux et des bois.
LACOMBE. Appropriation du sol.
LACOUR. Révolution française et ses détracteurs. — Théâtre d'E. Augier (*Lect.*, X).
LACOUR-GAYET. Journées de Barfleur et de La Hougue (*Pages d'hist.*, fasc. 23, t. XXI).
LACRETELLE. Dictionnaire de logique et de métaphysique (*Encyc. méth.*, t. LXVIII à LXXI). — 13 Vendémiaire (*Bibl. des Mém.*, t. XXX).
LACRETELLE (J. de). Vie inquiète de Jean Hermelin. — Mort d'Hippolyte (*Rev. hebd.*, fév. 1922). — Silbermann.
LACROIX (H.). Tapissier décorateur.
LACROIX (Paul). XVIIe siècle : Lettres, sciences et arts. — XVIIIe siècle : Insti-

tutions, usages, costumes. — Arts au moyen âge. — Ed. François Villon.

LAFARE. Poésies inédites.

LAFARGUE (F.). Ouailles du curé Fargeas (*Illustr.*, 1899).

LAFAYETTE (Mme de). Mémoires... précédés de la Princesse de Clèves. — Histoire de Madame (Henriette d'Orléans).

LAFENESTRE. Peinture italienne. — La Fontaine. — Molière. — Légende de Saint François d'Assise.

LAFFARGUE. Etude sur l'attaque.

LAFFARGUE et JUMAU (L.). Monteur électricien.

LAFON (A.). Elève Gilles. — Maison sur la rive (*Corresp.*, avr. 1914).

LAFOND (J.). Vitraux de la cathédrale de Rouen dans Cathédrale de Rouen, de Loisel.

LAFOND (P.). Musée de Rouen.

LAFOND (Joseph). [Articles nécrologiques] (132 p.).

LA FONTAINE. Fables. — Contes.

LA FORCE (duc de). Maréchal de La Force (*R. D. M.*, mai 1924).

LAFOSSE (A. de). Manlius Capitolinus. (A la suite de ROTROU.)

LAFOSSE (H.). Juridiction consulaire de Rouen.

LA FOUCHARDIERE. Araignée du kaiser. — Collab. BRINGER (R.). Scipion Pégoulade.

LAGARDE (Ch.). Promenade dans le Sahara.

LAGARDELLE. Manuel du forgeron.

LAGERLOF. Jérusalem en Dalécarlie. — Légende de Gosta Berling. — Liens invisibles. — Livre des légendes. — Merveilleux voyage de Nils Holgerson. — Vieux manoir. — Monde des Trolls. — Charretier de la mort.

LAGONDIE. Cheval et cavalier.

LA GORCE (Pierre de). Histoire religieuse de la Révolution française. — Histoire de la seconde République. — Histoire du second Empire. — Lettres de la reine Marie-Amélie (*Corresp.*, juill. 1920).

LA GOURNERIE (de). Histoire de Paris.

LA GUERINIERE (de). Dictionnaire d'équitation et d'escrime (*Encycl. méthodique*, t. XXXIV).

LA HIRE. L'homme qui peut vivre dans l'eau.

LA HARPE. Philoctête, Coriolan (*à la suite de Rotrou*).

LAHOR (J.). Habitations à bon marché.

LAIR (M.). Reprise (*Corresp.*, juin 1912.)

LAISANT. Initiation mathématique.

LALANNE. Dictionnaire historique de la France.

LA LAURENCIE. Lully (*Maîtres de la musique*).

LALLEMAND (Ch.). Réalisations d'hygiène sociale. — Armement social de la Seine-Inférieure.

LALO. Beauté et instinct sexuel.

LALOU (R.). Littérature française contemporaine.

LALOUX (V.). Architecture grecque.

LALOY (L.). Parasitisme et mutualisme dans la nature. — Contes chinois de Pou-Soung-Lin.

LAMANDE. Ton pays sera le mien.

LAMARQUE. Nos bonnes petites bêtes.

LAMARTINE. Graziella. — Premières méditations. — Nouvelles méditations. — Confidences. — Raphaël. — Nouvelles confidences. — Tailleur de pierres de Saint-Point. — Recueillements. — Jocelyn. — Harmonies. — Chute d'un ange. — Geneviève. — Lettres [à Virieu] (*Rev. de France*, juill. 1925). — Lettres à Aimé Martin (*Rev. de Paris*, oct. 1925).

LAMBERT. Pêcheur praticien.

LAMENNAIS. Pensées sur la religion et la philosophie. — Paroles d'un croyant. Essai sur l'indifférence. — Lettres à de Saint-Victor (*R. D. M.*, nov. 1923).

LAMI et THAREL. Dictionnaire de l'industrie et des arts industriels. — Voyages en France et à l'étranger.

LAMOITIER (P.). Traité de tissage.

LAMOTTE (A. de). Les camisards.

LA MOTTE (H. de). Morceaux choisis (*Petits poètes du XVIII° siècle*).

LAMOUCHE. La Bulgarie.

LAMOUZELLE. Histoire du droit privé français.

LANDER (R. et J.). Voyages en Afrique (*Voyages autour du monde*, t. IX).

LANDES. La Martinique.

LANDRIN. Collab. DESORMEAUX. Serrurier.

LANDRIN (A.). Plages de la France.

LANES Jeux de cartes.

LANESSAN (de). Nos forces militaires. — Introduction à la botanique. — Histoire naturelle médicale.

LANESSAN (L. de). Botanique.

LANG (A.). Pucelle de France.

LANG (A.). Fausta (*Rev. mond.*, déc. 1914).

LANGIE. Cryptographie.

LANGE. Campagne de Jumièges. Mort des cloches (15 p.).

LANGLAIS. Collab. SARTORY (A.). Poussières et microbes de l'air.

LANGLEBERT. Histoire naturelle. — Physique, chimie, hist. naturelle du baccalauréat.

LANGLOIS (Ch. V.). Collab. SEIGNOBOS. Introduction aux études historiques. — Saint-Louis. Philippe le Bel. Derniers Capétiens directs, t. II (2°) (*Hist. de France Lavisse*).

LANGLOIS (E.). Collab. PARIS (G.). Chrestomahie du moyen âge.

LANGUEST. De Ouistreham à Port-en-Bessin.

LANIER (D.). Asie. — Afrique.

LANO (de). Napoléon III. — Cour de Berlin. — Exotiques. — Serment de Simone.

LANOYE (F. de). Collab. MOUHOT. Voyage dans l'Indo-Chine (*Mission Pavie*). — Collab. HERVE. Voyage dans le Pôle arctique. — Trad. HAYES. Mer libre du pôle.

LANSON. Bibliographie de la littérature française. — Conseils sur l'art d'écrire. — Art de la prose. — Littérature française. — Collab. STEED et autres. Démocraties modernes.

LANUX (de). Henry IV (*Rev. hebd.*, nov. 1926).

LANZAC DE LABORIE (L. de). Paris sous Napoléon.

LAPAIRE. George Sand (*Rev. hebd.*, déc. 1923).

LA PEROUSE. Voyage autour du monde *Voyages autour du monde*, t. VI).

LEPEROUSE (L. de). Mas lézardé (*Corresp.*, nov. 1912).

LA PLATIERE (Roland de). Dictionnaire des manufactures (*Encycl. méth.*, t. XII à XV).

LAPOINTE (A.). Déserts africains.

LAPOINTE (S.). Une voix d'en bas.

LAPORTE. Droits des propriétaires et des locataires.

LAPPARENT (A. de). Traité de géologie.
LA QUÉRIERE de). Ancien Hôtel de Ville. Beffroi et Grosse-Horloge de Rouen.
LARAN. Cathédrale d'Albi.
LARBALETRIER. Agriculture française. — Plantes d'appartement.
LARBAUD (V.). Femina Marquez. — 200 chambres, 200 salles de bains (*Rev. Paris*, oct. 1926).
LARCHEY. Dictionnaire d'argot. — Ed. Cahiers du capitaine Coignet.
LARENAUDIERE (G. de). Cantilènes.
LARGEAU (V.). Pays de Rirha Ouargla.
LARGILLIERE. Voir FAVART.
LARIVIERE (de). Origines de la guerre de 1870.
LARIVIERE (R.) et JACOBS (F.). Tissage mécanique.
LARISCH (C^{sse}). Drame de Mayerling.
LA ROCHE (de). Dictionnaire de chirurgie (*Encycl. méth.*, t. XXIV à XXV).
LAROCHE (B.). Trad. SHAKESPEARE. Œuvres.
LA ROCHEFOUCAULD. Maximes.
LA ROCHEFOUCAULD (G. de). Le cardinal de La Rocefoucauld (*R. D. M.*, juill. 1924).
LA ROCHEFOUCAULD (F.-A. de). Poésies.
LAROMIGUIERE. Leçons de philosophie.
LA RONCIERE (Ch. de). Marine française. — Colbert (*Rev. hebd*, t. VI).
LAROUSSE. Grand dictionnaire. — Nouveau illustré. — Memento. — Médical illustré. — Mensuel illustré. — Histoire des opéras.
LARRA DIT FIGARO. Damoiseau de Don Henri le Dolent.
LARRIVE (D^r). Assistance publique.
LARROUMET. Racine (*Grands écrivains*).
LARROUY (M.). Coups de roulis (*Rev. France*, nov. 1924). — Révolté (*Idem*, janv. 1924). — Icone d'or (*L. P. T.*, sept. 1922).
LA RUCHE. Langue espagnole.
LAS CASES. Mémorial de Sainte-Hélène.
LA SIZERANNE (R. de). Maréchaux à la légion d'honneur (*R. D. M.*, juill. 1922). — Montefeltro, duc d'Urbin (*R. D. M.*, déc. 1923).
LASKINE. Démocratie française et Rhin. — Visées pangermanistes du socialisme allemand (16 p.). — Socialisme suivant les peuples.
LASSAR-KOHN. Chimie dans la vie quotidienne.
LASSERRE. Cinquante ans de pensée française. — Œuvre de Mistral (*Rev. hebd.*, janv. 1917). — Crime de Biodos (*Rev. hebd.*, mai 1912). — Jeunesse d'Ernest Renan (*La Revue*, oct. 1915).
LASSUS (Augé de). Le Forum.
LATOUR (A. de). Etudes sur l'Espagne, Valence et Valladolid.
LATUDE. Mémoires.
LATZARUS. Rivarol (*Rev. hebd.*, déc. 1925).
LAUGHLIN. Collab. CLIFTON. Dictionnaire anglais.
LAUMONIER (D^r). Hygiène de la cuisine. — Physiologie générale.
LAUNAY. Problèmes économiques d'après-guerre. — Science géologique. — Histoire de la terre. — Conquête minérale. — Bulgarie. — Trois Ampères (*R. D. M.*, avr. 1924).
LAURENS (J.-P.). Prisonniers de guerre (10 p.).
LAURENT (F.). Mouvement agricole (*Assises de Caumont*, 1908).

LAURENT (D^r). Elans patriotiques. — Assistance.
LAURIE. Tito le Florentin.
LAUZUN (Duc de). Mémoires.
LA VAISSIERE (de). Anthologie poét. du XXe s.
LAVALLEE (Th.). Géographie historique et militaire.
LAVALLEY (G.). Légendes normandes. — Compagnies du Papegay.
LAVAULX (de). Seize mille kilomètres en ballon. — Voyage en Patagonie.
LAVAYSSIERE (P.). Dans l'Inde moderne.
LAVERGNE. Coopératives de consommation.
LAVEDAN. Ane de Sainte Austreberthe. — Bon temps (*Illustr.*, 1906). — Inconsolables (*Lect.*, XIII). — Nouveau jeu. — *Idem* (*Lect.* XXI). — Jeunes. — Le lit. — Marionnettes. — Vieux marcheur. — Beaux dimanches. — Leur cœur. — Leur beau physique. — Belle histoire de Geneviève (*Rev. hebd.*, mai 1919). — Irène Olette. — *Idem* (*R. D. M.*, déc. 1919). — Gaudias. — *Idem* (*R. D. M.*, avr. 1921). — Panteau. — Madame Lesoir. — Sire, 5 actes (*Ill. théâtr.*) — Servir, 2 actes (*Ill. théâtr.*). — Chienne du roi (*Ill. th.*). — Collab. ZAMACOIS. Sacrifices (*Corresp.*, mars 1912).
LA VILLE DE MIRMONT. Mythologie élémentaire.
LAVISSE (lieut.-col.). Tu seras soldat.
LAVISSE. Histoire de France. Origines jusqu'à la Révolution, avec collab. de BAYET, BLOCH, CARRÉ, COVILLE, KLEIN-CLAUSZ, LANGLOIS, LEMONNIER, LUCHAIRE, MARIEJOL, PETIT-DU-TAILLIS, PFISTER, REBELLIAU, SAGNIAC, DE SAINT-LEGER, VIDAL DE LA BLACHE. — Histoire de France contemporaine avec collab. de SAGNAC, PARISET, CHARLETY, SEIGNOBOS, BIDOU et GAUVAIN. — Coll. RAMBAUD (A.). Histoire générale du IVe s. à nos jours. — Histoire politique de l'Europe. — Collab. ANDLER. Pratique allemande de la guerre. — Collab. DURKHEIM. Lettres à tous les Français. — Publ. PARMENTIER. Album historique.
LAVOIX (H.). Histoire de la musique. — Musique française.
LAW (J.). Captain Lobe.
LEA. Inquisition au moyen âge. Trad. S. REINACH.
LEBAS. Dieppe pendant la guerre. — Prébourg-la-Boissin (*La Revue*, avr. 1916).
LEBEAUX et FONTENELLE. Distillateur liquoriste.
LE BEGUE (A.). Réparations (du bâtiment).
LEBEGUE (E.). Assemblée provinciale de Haute-Normandie, 1787-1790.
LEBELLE (R.). Anthologie de Shakespeare.
LEBESGUE (Philéas). Au delà des grammaires. — Pages choisies. — Trad. NETTO (C.). Macambira.
LEBEUF et VARENNE. Amélioration des liquides, vins, alcools.
LEBLANC. Manuel du pâtissier.
LEBLANC (E.). A la recherche de la pierre philosophale.
LEBLANC (M.). Eclat d'obus. — Vie extravagante de Bathazar. — Aventures d'Arsène Lupin. — Voici des ailes.
LEBLANC (R.). Manipulation de chimie.
LEBLOND (M.-A.). Ulysse Cafre.

LEBOIS. Électricité industrielle. — Cours d'électricité industrielle.

LEBON (A.). Conditions économiques de la paix (16 p.).

LEBON (E.). Armand Gautier.

LEBON (Gustave). Psychologie de l'éducation. — Psychologie politique et défense sociale. — Révolution française et psychologie des révolutions. — Psychologie des temps nouveaux. — Vie des vérités. — Hier et demain. — Déséquilibre du monde. — Evolution des forces. — Naissance et épanouissement de la nation. — Evolution de la matière. — Premières conséquences de la guerre. — Enseignement psychologique de la guerre.

LE BON Opinions et croyances.

LEBRETON (Th.). Biographie rouennaise. — Heures de repos d'un ouvrier. — Nouvelles heures de repos.

LEBRETON (Aug.). Mont-Saint-Michel. Avranches, Pontorson.

LEBRIO. Constructions métalliques.

LEBRUN (général). Guerres de Crimée et d'Italie. — Bazeilles-Sedan.

LEBRUN (E.). Trad. W. JAMES. Pragmatisme.

LEBRUN (H.). Abrégé de tous les voyages au Pôle Nord.

LEBRUN-ECOUCHARD. Morceaux choisis (*Petits poètes du XVIII° s.*).

LEBRUN et **MAGNIER.** Manuel du mouleur en plâtre suivi du moulage des médailles de Robert et de Valincourt (*Roret*).

LECACHEUX (Paul). Hôtel-Dieu de Coutances.

LECARPENTIER (G.). Pays scandinaves et Finlande.

LECENE. Evolution de la chirurgie.

LECERF (A.). Automobiliste.

LECHARTIER (G.). Irréductible force (*Corresp.*, août 1905).

LECHAT. Phidias (*Maîtres de l'art*).

LECHATELTER. Science et industrie.

LECHEVALIER (A.). Sources de l'histoire locale (*Soc. Etudes locales*).

LECHEVALIER (A.). Précis de la guerre de 1914.

LECHEVALIER-CHEVIGNARD. Styles français.

LECLERC (Mme). Surprise du cœur.

LECLERC (A.-C.). Dévouement aux Stuarts.

LECLERC (E.). Typographie.

LECLERC (Max). Formation des ingénieurs à l'étranger.

LECLERC DU SABLON (M.). Incertitudes de la biologie. — Rôle de l'osmose en biologie.

LECLERCQ (J.). Japon, Chine, Mandchourie. — Aux îles fortunées. — En Norvège. — Un été en Amérique. — Dans l'île de Java.

LECOCQ (Ch.). Chimères et réalités.

LECOC (L.). 5° division d'infanterie.

LECOMTE (G.). Jours de bataille et de victoire. — Clémenceau. — Espagne.

LECOMTE DE NOUY. Doute plus fort que l'amour. — Amitié amoureuse. — Serments ont des ailes. — Amour est mon péché.

LECONTE (M.). On ne pleure pas toujours. — Dans une maison.

LECONTE DE LISLE. Poèmes antiques. — Poèmes barbares. — Erinnyes. — Trad. HOMERE, Iliade, Odyssée.

LECORBEILLER (A.). Port de Rouen.

LECORBEILLER (E.). Notes dieppoises.

LECORNU (J.). Vol de la Golconde (*L. P. T.*, août 1918). — Homme double (*Idem*, oct. 1924).

LECORNU (L.). Mécanique.

LECOY DE LA MARCHE. Manuscrits et miniature. — Les sceaux. — France sous Saint Louis.

LECTURE (La) et Lecture rétrospective, 1887-1896. — Table générale.

LECTURES POUR TOUS, 1897 et suiv. — Supplément, Conférences de Ségur, d'Haussonville, Doumic, Hyde, Roujon, Capus, Donnay, Masson, Beaunier, Flers, Hallays, Bazin, Richepin.

LECUREUX. Saint-Pol-de-Léon.

LE DANTEC. Athéisme. — De l'homme à la science. — Déterminisme biologique. — Egoïsme base de toute la société. — Problème de la mort (*Bibl. phil. sc*). — Science et conscience. — Savoir. — Limites du connaissable. — Lutte universelle. — Science de la vie. — Influences ancestrales. — Mécanique de la vie. — Philosophie biologique.

LEE CHILDE (Mme). Un hiver au Caire.

LE FAVERAIS. Lonlay-l'Abbaye, Frédebise, château de Domfront.

LEFEBURE (E.). Broderies et dentelles.

LEFEBVRE (E.). Le sel.

LEFEBVRE (R.) et **VAILLANT-COUTURIER.** Guerre des soldats.

LEFEVRE (A.). Philosophie. — Parcs et jardins. — Flûte de Pan. — Lyre intime.

LEFEVRE (D^r). Un voyage au Laos.

LEFEVRE (M.). Princesse sans cœur.

LEFEVRE-PONTALIS (E.). Château de Coucy.

LEFEVRE-PONTALIS (P.). Haut-Laos (*Mission Pavie*, t. V).

LEFORT (H.). Histoire de Rouen.

LEFORT (J.). Intempérance et misère. — Repos hebdomadaire et morale.

LEFORT (P.). Peinture espagnole.

LEFRANC DE POMPIGNAN. Morceaux choisis (*Petits poètes du XVIII° s.*).

LEFRANC, JEANNIN et **LANGLEBERT.** Manuel du baccalauréat physique, chimie, histoire naturelle.

LE GAL. Ne dites pas... mais dites.

LE GALLAIS. Savoie et Piémont.

LEGENDRE ((Ph.). Persécution de l'Eglise de Rouen.

LEGENDRE (R.) et **THEVENIN.** Comment économiser le chauffage.

LEGER (M.-L.). Save, Danube et Balkan.

LEGER (L.). Panslavisme et intérêt français.

LEGERON. Belgique (36 vers).

LE GOFFIC. Métiers pittoresques. — Bourguignottes et pompons rouges. — Dixmude. — Guerre qui passe. Sur la côte. — Illustre Bobinet. — Abbesse de Guérande, (*Rev. hebd.*, juin 1920).

LEGOUIS (E.) et **CAZAMIAN (L.).** Littérature anglaise.

LEGOUVE. Pères et enfants. — Art de la lecture. — Lecture en action. — Béatrix. — Conférences parisiennes. — Soixante ans de souvenirs (*Lect.*, XIV).

LEGRAIN. Dégénérescence sociale et alcoolisme.

LEGRAND (A.). Croquis coté.

LEGRAND (Th.). Fouques le berger.

LEGRAND (Dr M.). Oreille et la surdité. — Longévité à travers les âges.

LEGROS. Fécamp.

LEHODEY (P.). Trad. BYRON. Don Juan.
LE HOUX. Vaux-de-Vire.
LEIBNITZ. Extraits de la Théodicée. — Monadologie. — Entendement humain.
LEJEUNE. Calculs commerciaux.
LEKAIN. Mémoires (Bibl. des Mém., t. VI).
LELION-DAMIENS. Pervenches.
LELONG. Jules Tardif (50 p.).
LE LORIER (A.). Paroisse de Bréville.
LEMAIRE. L'eau qui dort.
LEMAITRE (J.). Rois. — Contemporains. — Impressions de théâtre. — Vieilesse d'Hélène. — En marge des vieux livres. — Bertrande, 4 actes (Illustr. théâtr., 1905). Massière, 4 actes. — Député Leveau.
LEMAITRE (Cl.). Cadet Oui-Oui (Illustr., 1905). — Ma sœur Zabette (Idem, 1901).
LEMERCIER DE NEUVILLE. Pupazzi. — Nouveau théâtre des Pupazzi.
LEMERLE (G.). Collab. MARTINIER. Prothèse restauratrice bucco-faciale. — Collab. SAUVEZ et WICART. Anatomie et physiologie des dents. — Collab. FREY. Pathologie de la bouche et des dents.
LEMIERE. Collab. GODON. Dentisterie opératoire.
LEMIRE (L.-Em.). Siège soutenu contre les Anglais par la ville de Rouen. — Monuments élevés par Rouen à Jeanne d'Arc.
LEMOINE (J.). Madame de Sévigné (Rev. Paris, mars 1925).
LEMOINE (M.). Mal payés.
LEMOISNE (P.-A.). Estampe japonaise.
LEMONNIER (C.). Joujoux parlants. — Droit au bonheur.
LEMONNIER (H.). Guerres d'Italie (T. II (1) Histoire Fr. Lavisse). — Lutte contre la Maison d'Autriche (T. II (2). Idem).
LEMOYNE. Roses d'Antan. — Chemin perdu.
LEMOZIN (M.). Ouvrier pourquoi fais-tu la guerre (8 p.).
LENERU. La maison sur le roc (Rev. hebd., sept. 1924).
LENEVEUX. Paris municipal. — Budget du foyer. — Travail manuel en France.
LENOIR (D.). Les Leroux.
LENOIR (P.). Fayoum, Sinaï, Pétra.
LENORMAND (H.-R.). A l'ombre du mail (Cahiers dramat.).
LENORMAND (Séb.). Relieur. — Horloger et atlas. Nouv. éd. STAHL.
LENORMANT (Fr.). Monnaies et médailles.
LENOTRE (G.). Alexandre Dumas père (R. D. M., fév. 1919). — Baron de Batz. — Captivité de Marie-Antoinette. — Chevalier de Maison-Rouge. — Colonnes infernales (R. D. M., sept. 1924). — Drame de Varennes. — Gens de la vieille France. — Histoires étranges. — Louis XVII. — Martin le Visionnaire. — Marquis de la Rouërie. — Mémoires sur la Révolution : I. Massacres de septembre ; II. Fils de Philippe-Egalité ; III. Fille de Louis XVI ; IV. Tribunal révolutionnaire ; V. Noyades de Nantes. — Mirlitantouille. — Idem (R. D. M., avr. 1924). — Monsieur de Charette. — Napoléon à l'île d'Elbe (L. P. T., oct. 1919). — Paris révolutionnaire. — Robespierre (R. D. M., déc. 1925). — Tournebut. — Vieilles maisons, vieux papiers.
LENOUVEL. Oubliette (Rev. hebd., août 1920).
LENSIA. Dette de Blanche.
LENTHERIC. Villes mortes du golfe de Lyon.
LEON. Fleuves, canaux, chemins de fer. — Renaissance des ruines.

LEONARD (Coiffeur de Marie-Antoinette). Souvenirs.
LE PELLETIER (A.). Ed. NOSTRADAMUS. Oracles.
LE PELLERIER DE GLATIGNY. Mémoires.
LE PILEUR (A.). Le corps humain.
LEPINE. Mutualité.
LE POITTEVIN. Œuvres inédites.
LE QUEUX. Raspoutine. — Secrets de Potsdam. — Devil's Carnival.
LEROUX (Gaston). Aventures de Rouletabille. — Fantôme de l'Opéra. — Fauteuil hanté. — Confitou. — Homme qui revient de loin.
LE ROUX (H.). Jeux du cirque. — La France et le monde. — Amants byzantins. — Au champ d'honneur (La Revue, août 1916).
LEROUX (L.). Canton d'Argueil.
LEROY (Alb.). Le Havre et la Seine-Inférieure pendant la guerre de 1870.
LE ROY (E.). Jacquou le Croquant. — Gens d'Auberoque. — Moulin du Frau.
LEROY (G.-A.). Manifestation en l'honneur de Charles Tellier, « Père du froid ».
LE ROY (Geo.). Diction française.
LEROY (Gust.). Rires et larmes.
LEROY (M.). Syndicats.
LEROY-ALLAIS. Comment j'ai instruit mes filles.
LEROY-BEAULIEU (A.). Empereur, roi, pape, restauration.
LEROY-BEAULIEU (Paul). Economie politique. — Art de placer et gérer sa fortune.
LERY. Argonne.
LESAGE. Gil Blas. — Diable boiteux. — Guzman d'Alfarache.
LESBAZEILLES. Merveilles du monde polaire.
LESCOT. Félure d'âme. — Vaines promesses.
LESCURE, voir BARRIERE. Bibliothèque des Mémoires.
LE SECQ DES TOURNELLES (Musée). Catalogue par H.-R. D'ALLEMAGNE.
LE SOUHAITIER. Technologie électrique.
LESPAGNOL (G.). Evolution de la terre et de l'homme.
LESSEPS (F. de). La vapeur (Lecture, VIII).
LESSING. Minna de Barnhelm (relié avec KLEIST).
LESTRANGE. Lettres de héros.
LESUEUR. Marcelle. — Invincible charme. — Lèvres closes. — Au delà de l'amour. — Amant de Geneviève. — Nietzscheenne. — Gilles de Claircœur (Illustr., 1911). — Force du passé (Illustr., 1905). — Droit à la force.
LETOMBE. Production de la force motrice (Suppl. Technique moderne, 1922, fasc. V).
LETOURNEAU. Psychologie ethnique. — Sociologie. — Biologie.
LETTRES à tous les Français, p. Lavisse et Durkheim.
LEUNE (Mme). Tels qu'ils sont.
LEURS meilleures histoires (Anthologie des auteurs gais, AURIOL (G.) et autres).
LE VAILLANT (P.-F.). Voyages en Afrique (Voyages autour du monde, t. VIII).
LEVAINVILLE. Rouen. — Industrie du fer en France.
LEVAINVILLE (M.). Chateaubriand et son ministre des finances (R. D. M., juin 1922). — Guichard de Bienassis (R. D. M., nov. 1924).
LEVAREY (A.), collab. HAUMONT (A.). Transports maritimes.
LEVASSEUR (E.). Classes ouvrières et industrie en France.

LEVASSEUR (L.), collab. MABILLEAU (L.) et DELACOURTIE (E.). Cours d'instruction civique.

LEVEL (M.). Epouvante. — Portes de l'enfer. — Baiser dans la nuit, 2 actes (*Monde illustré*). — Gosse, 1 acte (*Idem*). — Sous la lumière rouge, 3 actes (*Idem*). — Cité des voleurs (*L. P. T.*, juill. 1923).

LEVÊQUE. Harmonies providentielles.

LE VERDIER (H.). Madame D. K. L.

LEVERDIER (P.). Confrérie de la Passion de Rouen (87 p.).

LE VERRIER. Métallurgie.

LEVESQUE et WATELET. Dictionnaire des Beaux-Arts (*Encycl. méth.*, t. XXI et XXII).

LEVIS (Duc de). Souvenirs et portraits (*Bibl. des Mém.*, t. XIV).

LEVIS-MIREPOIX. Monségur (*Rev. hebd.*, déc. 1923). — Campagnes ardentes.

LEVRAULT (L.). Maximes et portraits. — Satire.

LEVY (Alb.). Histoire de l'air.

LEVY (Arth.). Napoléon intime. — Davout (*Rev. Paris.*, mars 1924).

LEVY (Eug.). Problème biologique.

LEVY (Raph.). Initiation financière.

L'HERITIER (S.-D.). Chimie pathologique.

LHOMOND. De viris.

L'HOPITAL. Clocher dans la plaine. — Mon onc' Jean. — Dame verte (*Illustr.*, 1900-1901). — Villevieille (*Corresp.*, avr. 1920).

LICHNOWSKY (Prince). Le mémoire, 1918. — Le mémoire et les documents Muehlon (*Pag. d'hist.*, fasc. 154, t. XXXIX).

LICHTENBERGER (A.). France au Maroc. — Minnie (*Illustr.*, 1907). — Mon petit Trott. — Petite sœur de Trott. — Petit roi. — Petite madame. — Notre Minnie. — Biche (*Rev. hebd.*, août 1920. — Toune et la vie. — Rédemption. — Monsieur de Migurac.

LICHTENBERGER (H.) et PETIT (P.). Impérialisme économique allemand. — Tactique allemande en Russie (8 p.). — Allemagne moderne.

LICQUET (Th.). Histoire de Normandie. — Histoire religieuse, morale et littéraire de Rouen. — Rouen, ses monuments, éd. FRÈRE. — Rouen, histoire, commerce, industrie.

LIEGARD (A.). Ajustage et tournage. — Cordonnier.

LIESSE. Organisation du crédit en Allemagne et en France (*Pag. d'hist.*, fasc. 58, t. XXVI).

LIEUTIER. Femme du rénégat.

LIFE'S Adventure.

LIGNE (Pr. de). Pensées (*Bibl. des Mém.*, t. XX).

LIGUE MARITIME, numéro spécial. Crimes de l'Allemagne sur mer, par G.-G. Toudouze.

LIGUE MARITIME (La), revue.

LINGUET (S.-N.-H.). Mémoire sur la Bastille (*Bibl. des Mém.*, t. XXVIII).

LINTIER. Ma pièce.

LINTILHAC. Histoire du théâtre en France. — Lesage (*Grands écrivains français*).

LIONNET. Chez les Français du Canada.

LISBONNE (E.). Navigation maritime.

L'ISLE ADAM (Villers de). Voir VILLERS DE L'ISLE ADAM.

LIVINGSTONE (D. et Ch.). Explorations dans l'Afrique australe.

LIVRE jaune français. Alliance franco-russe (*Pag. d'hist.*, fasc. 159).

LIVRE D'OR. Université de France. Aux membres de l'enseignement héros de la grande guerre.

LIZERAND. Affaire des templiers.

LOCARD. Enquête criminelle. — Police. — Policiers de roman.

LOCK (Fr.). Jeanne d'Arc. — Histoire de la Restauration.

LOCK. Entendement humain.

LOCKE (W.-J.). Far away stories.

LOCKERT (L.). Voir GILLOT.

LOCKROY (S.). Fées de la famille.

LODOVICI. Yeux mi-clos (*R.D.M.*, juin 1925).

LOFFET. Technologie.

LOGE. Trad. BENTLEY. Affaire Mandelson.

LOIS. Lois du 9 décembre 1905; Séparation de l'Eglise et de l'Etat. — Loi du 24 mars 1884; Syndicats professionnels. — Loi du 9 mars 1918; Loyers.

LOISEL (abbé). Cathédrale de Rouen, suivie d'une étude sur ses vitraux par Jean LAFOND. — Collab. ALLINNE (M.). Cathédrale de Rouen avant l'incendie de 1200.

LOISEAU. Pangermanisme.

LOISY. Evangiles synoptiques. — Quatrième évangile.

LOMBARD (Jean). L'agonie.

LOMBARD (Joanny). Ouvrier tourneur et fileteur. — Contremaître mécanicien. — Technologie, t. II. Bois. — Cours de dessin industriel.

LOMBROSO (C.). Hypnotisme et spiritisme.

LOMBROSO (Gina) [Mme G. Ferrero]. Ame de la femme. — Femme aux prises avec la vie. — Gilda (*Rev. Paris*, fév. 1924).

LONDE. Photographie moderne.

LONDON (J.). Amour de la vie (*Illustr.*, 1912). Jerry dans l'île. — Aventurière (*L. P. T.*, déc. 1926).

LONDRES. Au bagne.

LONGGARDE (de). Jouets du destin (*Mode pratique*).

LONGNON (H.). Château de Rambouillet.

LONGNON (J.), collab. FOSSEY. Haute-Normandie.

LONGWORTH - CHAMBRUN. Bataille de Dames (*La Revue*, janv. 1918).

LOQUET. Serrurerie à travers les âges.

LORDE (de). Amour en cage, 3 actes (*Monde ill.*, 1912). — Petite Roque, 3 actes (*Idem*, 1911). — Homme mystérieux (*Idem*). — Invisibles (*Idem*, 1912. — Collab. BOUWENS. Un beau tableau, 1 acte (*Collect. France dramat.*). — Collab. FUNCK-BRENTANO. Amoureuse conspiration. — Terre d'épouvante (*Illustr. théâtr*).

LORMIER. Mouvement agricole (*Assises de Caumont*, 1908).

LORONDES. Lilla (*Rev. hebd.*, mars 1918).

LORRAIN. Mr. de Phocas. — Vice errant. — Histoires de masques.

LORRAINE. Glorieuses journées de Lorraine et d'Alsace (*Pag. d'hist.*, n° 161).

LORTON, collab. BABIN et COBLENTZ. Port de Rouen (broch. 14 p.).

LOSTALOT. Procédés de la gravure.

LOTH (Arthur). Gaston Le Hardy.

LOTH (Mgr). Saint-Maclou de Rouen.

LOTI (Pierre). Au Maroc. — *Idem* (*Lect.*, XXIX). — Aziyadé. — Désenchantées. — Désert. — Fleur d'ennui. — Galilée. — Hyène enragée. — Japoneries d'automne. — Jérusalem. — Livre de la pitié et de la mort. — Madame Chrysanthème (*Lect.*, XVIII). — Mariage de Loti. — Matelot. — Mon frère Yves. — Mort de notre chère France en Orient. — Pêcheur d'Islande. — Pèlerin d'Angkor. — Prime jeunesse. — *Idem* (*R. D. M.*, juill. 1919). — Ramuntcho. Roman d'un enfant. — Suprêmes visions d'Orient (*R. D. M.*, août 1921). — Turquie agonisante. — Troisième jeunesse de Madame Prune. — Un vieux (*Lect.*, III). — Vers Ispaham. — Roman d'un spahi. — Un jeune officier pauvre. Fragments par Samuel Viaud. — Trad. SHAKESPEARE. Roi Lear.

LOUIS XVIII. Voyage à Bruxelles et à Coblentz (*Bibl. des Mém.*, t. XXXIII).

LOUTIL (E.) et POULIN. Dieu (Conférences de Saint-Roch).

LOUVET (J.-B.). Mémoires (*Bibl. des Mém.*, XII).

LOUVET (Léon). Rouen et la Révolution française (34 p.).

LOYERS. Droits des locataires et des propriétaires. — Maintien en jouissance des locataires de bonne foi des locaux d'habitation. — Fixation définitive de la législation sur les loyers. — Hausse des prix des baux à loyers. — Législation sur les loyers, 2 août 1921. — Locations en meublés.

LOYSON (P.-H.). Nos bons amis les Anglais (36 p.).

LUBBOCK. Emploi de la vie. — Bonheur de vivre. — Origines de la civilisation.

LUCAS-DUBRETON. Duchesse de Berry (*Rev. Paris*, oct. 1924).

LUCE (Siméon). Jeanne d'Arc.

LUCHAIRE. Premiers Capétiens. — Société française au temps de Philippe-Auguste. — Démocraties italiennes. — Institutions monarchiques de la France sous les premiers Capétiens. — Communes françaises à l'époque des Capétiens directs.

LUÇON et MINDANAO. Voyage dans l'Extrême-Orient.

LUGUET (M.). L'audition (*Illustr.*, 1912).

LUGUET-FRICHET. Maria-Sylva (*Corresp.*, fév. 1921).

LUMET (L.). Pour la patrie.

LUMIÈRE. Théâtre français pendant la Révolution.

LYAUTEY (Général). Lettres de Grèce et d'Italie (*R. D. M.*, mars 1921).

LYCÉE DE ROUEN, 1892.

LYON-CAEN. Droit commercial.

LYTTON. Voir BULWER.

LYVRON (de). Poèmes en prose.

M

MABILLEAU. Instruction civique. — Morale. — Victor Hugo.

MACCAS. Hellénisme de l'Asie mineure.

MAC DONALD (J.-R.). Socialisme et société.

MAC ORLAN. Cavalière Elsa. — Rire jaune. — Chant de l'équipage.

MACARTNEY. Voyage en Chine et en Tartarie (*Voyages autour du monde*, t. XI).

MACE (Jean). Histoire d'une bouchée de pain. — Les serviteurs de l'estomac.

MACE (G.). Mes lundis en prison. — Crimes impunis.

MACH. Connaissance et erreur.

MACHADO. Champs d'Alvargonzalès (*Rev. hebd.*, août 1924).

MACHARD. Royaume dans la mansarde (*L. P. T.*, avr. 1924). — Celui qui portait la mort (*L. P. T.*, avr. 1925). — Un million dans une main d'enfant (*L. P. T.*, oct. 1920). — Loup-garou (*Idem*, déc. 1922). — Popaul et Virginie (*Collect. France dramat.*).

MACHIAVEL. Le prince.

MADAGASCAR (Notice). (*Exposition*, 1900.)

MADELIN. Le premier son de cloche de la Révolution, 1743-1754 (*R. D. M.*, janv. 1924). — Chemin de la victoire. — Révolution. — Batailles de l'Aisne (*R. D. M.*, août 1918). — Bataille de France (*Idem*, août 1919). — Merveilleuses heures d'Alsace et Lorraine (*Idem*, fév. 1919). — France de l'Empire (*Rev. hebd.*, janv. 1926).

MADÉLINE (A.). Horace Mitide (*Rev. hebd.*, août 1924).

MADELINE (J.). Sourire de la Joconde.

MADROLLE. Chine du Nord. — Chine du Sud, Java, Japon.

MAEL (P.). Pilleur d'épaves.

MAETERLINCK. Morceaux choisis. — Oiseau bleu. — Vie des abeilles. — Sagesse et destinée. — La mort. — Hôte inconnu. — Intelligence des fleurs. — Vie des termites. — *Théâtre.* Pelléas, Alladine, Intérieur, Tintagiles. — Bourgmestre de Stilmonde, sel de la vie. — Joyzelle. — Monna Vanna.

MAGALI-BOISNARD. Roman de la Kahena.

MAGASIN PITTORESQUE, 1833-1883.

MAGNE (J.-H.). Choix du cheval. — Collab. GILLET. Flore française.

MAGNE (L.). Guerre et monuments (*Pag. d'hist.*, fasc. 64, t. XXVII).

MAGNIER (D.). collab. LENORMAND et JANVIER. — Horloger. — Peinture sur verre. — Collab. LEBRUN. Mouleur en plâtre.

MAGRE (M.). Marchand de passions (*Monde illust.*).

MAHAFFY (J.-P.). Antiquité grecque.

MAIGNE (P.). Pelletier fourreur. — Mines de France et des colonies. — Collab. NOSBAN. Sommelier. — Ebéniste-tablettier. — Menuisier-layetier. — Collab. MATHEY (O.). Dorure, argenture, nickelage.

MAIGROT. Mosaïque littéraire.

MAINDRON (E.). Marionnettes et guignols.

MAINDRON (M.). Art indien. — Armes. — Histoire de Bayart. — Arbre de science. — Blancador. — Dariolette. — Tournoi de Vauplassans. — Saint-Cendre.

MAINE DE BIRAN. Fragments du journal (*Rev. hebd.*, déc. 1924).

MAIREY, collab. FALLEX. Principales puissances du monde. — Face nouvelle du monde. — France et colonies.

MAISONNEUVE. Réhabilitée. — Eternelle revanche.

MAISTRE (J. de). Soirées de Saint-Pétersbourg. Traité sur les sacrifices. — Pensées inédites (*Corresp.*, mai 1922).

MAISTRE X. de). Œuvres complètes.

MAITRES DE L'ART. Albert Dürer (Hamel). Benozzo Gozzoli (Mengin). Botticelli (Diehl). Chardin (Pilon). Claus Sluter (Kleinclaus). David (Rosenthal). Donatello (Bertaux). Fra Angelico (Pichon). Géricault (Rosenthal). Ghirlandaio (Hauvette). Giotto (Bayet). Holbein (Bayet). Le Brun (Marcel). Le Bernin (Reymond).

Le Sodoma (Gielly). **Martin Schongauer** (Girodié). Michel-Ange (Rolland). Phidias (Lechat). Philibert de l'Orme (Clouzot). Peter Vischer (Réau). Raphaël (Gillet). Reynolds (Benoît). Rubens (Hourticq). Scopas et Praxitèle (Collignon). Sculpteurs français (Pilon). Verrochia (Reymond).

MAIZEROY. Petite reine. — Adorée (*Lect.*, I).

MAKLAKOFF (B.). Russie de 1900 à 1917 (*Rev. Paris.* oct. 1924).

MALAPERT. Leçons de philosophie.

MALBAULT. Roman de Dante (*R. D. M.*, août 1925).

MALE. Art allemand. art français du moyen âge.

MALEBRANCHE. Recherche de la vérité.

MALEISSIS-MELUN. Voir GRUEBER. Sous les aigles autrichiennes.

MALEISSYE (de). Lettres de Jeanne d'Arc et prétendue abjuration de Saint-Ouen.

MALEPEYRE. Distillation des vins. — Fabrication des vins de fruits. — Collab. FONTENELLE. Boulanger. — Limonadier, glacier, cafetier. — Collab. BERTRAN. Fabrication des colles. — Collab. RIFFAUT. Peintre en bâtiments. — Collab. PRADAL. Parfumeur. — Collab. DUBIEF. Fabricant du cidre et de poiré.

MALGLAIVE et **RIVIERE.** Annam et Laos (*Mission Pavie*, t. V).

MALHERBE. Lettres. — Poésies.

MALHERBE (H.). Flamme au poing.

MALLARME. Poésies.

MALLET. Renaissance italienne (*Rev. hebd.*, août 1924).

MALO (H.). Drame des Flandres.

MALOT (Mme H.). Folie d'amour.

MALOT (H.). Amours de vieux. — Amours de Jacques. — Amours de jeunes. — Anie. — Colonel Chamberlain. — Marquise de Lucilière. — Ida et Carmelita. — Thérèse. — Baccara. — Belle Madame Donis. — Besogneux. — Raphaële. — Duchesse d'Avernes. — Corysandre. — Cara. — Clotilde Martory. — Comte du Pape. — Conscience. — Docteur Claude. — En famille. — Fille de la comédienne. — Héritage d'Arthur. — Ghislaine. — Justice. — Lieutenant Bonnet. — Madame Obernin. — Epoux. — Mariage de Juliette. — Mariage riche. — Marichette. — Marié par les prêtres. — Mère. — Millions honteux. — Mondaine. — Paulette. — Pompon. — Romain Kalbris. — Sang bleu. — Sans famille. — Suzanne. — Miss Clifton. — Un bon jeune homme. — Un mariage sous le second Empire. — Un miracle. — Une belle-mère. — Une bonne affaire. — Roman de mes romans. — Mariage riche (*Lect.*, XXIII).

MALPEAUX. Plantes sarclées.

MALPHETTES. Béton armé.

MALTE-BRUN. France illustrée.

MANDAT-GRANCEY. Au Congo. — Côte d'Afrique. — Chez John Bull. — Brèche aux buffles.

MANDELSTAM (V.). Hollywood (*Rev. Paris.* 1925).

MANDRIN. Mandrin et contrebandiers.

MANEUVRIER. collab. GANOT. Physique.

MANGIN (A.). Désert et monde sauvage. — Révolte au Bengale en 1857.

MANHEIMER. Nouveau monde sud-africain.

MANSBENDEL. Thomas Edison.

MANN. Tristan (*Rev. France*, mars 1926).

MANNERS (Hartley. Peg de mon cœur (*Coll. France dramat.*).

MANSVIC. Langue allemande.

MANTZ. Peinture française.

MANUEL (E.). Poésies du foyer.

MANUELS. Manuel d'infanterie. — Du gradé de cavalerie. — Du sapeur-pompier. — D'exercices gymnastiques et jeux scolaires. De recherches préhistoriques. — Voir RORET.

MANZONI. Les fiancés.

MAQUET (A.). Belle Gabrielle. — Maison du baigneur. — Comte de Lavernie.

MAQUET (Ph.). Mlle Don Quichotte.

MARAIS. collab. GOUJON. Code des accidents de travail.

MARANA. Lettre d'un Sicilien.

MARBOT (général). Mémoires.

MARCEAU (A.). Capitaine de frégate.

MARCEL (E.). Dymitr le Cosaque.

MARCEL (G.). Iconoclaste. 4 actes (*Nouv. France dramat.*). — Un homme de Dieu. 4 actes (*Cahiers verts*).

MARCEL (H.). Peinture française au XIXe s.

MARCEL (Mme J.). Daniel.

MARCEL (P.). Charles Le Brun.

MARCEVAUX (P.). Famille incassable.

MARCH (Lucien). Concentration dans les industries. Voir FONTAINE.

MARCHADIER et GOUJON. Poisons méconnus.

MARCHAND (H.). Tu seras agriculteur.

MARCHAND (R.). Politique russe.

MARCHIS (L.). Flotte aérienne (*Techn. mod.*, *suppl.*, fasc. 3.).

MARCILLAC. Mémoires (*Bibl. des Mémoires*, XXXIII).

MARCOU. Classiques français.

MARCOY. Dans les Andes.

MARECHAL (M.). Un mariage à l'étranger.

MARESCHAL (G.). collab. CHAPLET. Recettes sportives.

MARESCHAL DE BIEVRE. Destinée d'amour. — Un mari en loterie.

MARGERIE (de). trad. SUESS. Face de la terre.

MARGOLLE. Phénomènes de la mer. — Télescope et microscope. — Phénomènes célestes. — Météores. — Tempêtes. — Collab. ZURCHER. Volcans et tremblements de terre. — Glaciers. — Navigation. — Monde sous-marin.

MARGUERIN. collab. HUBAULT. Temps modernes.

MARGUERITTE (P.). Amants (*Lect.*, XI). — Faiblesse humaine. — Force des choses. — *Idem* (*Lect.*, XXI). — Jouir. — Jours d'épreuve (*Idem*, XXXI). — Maison brûle. — Ma grande. — Tourmente. — Pas sur le sable (*Revue*, nov. 1905).

MARGUERITTE (V.). Au bord du gouffre. — Jeunes filles. — Rose des ruines. — Talion. Journal d'un moblot.

MARGUERITTE (P. et V.). Autre lumière. — *Idem* (*R. D. M.*, fév. 1916). — Cuirassier blanc. — Deux vies. — Embusqué. — Fabrecé (*Illustr.*, 1912). — Femmes nouvelles. — Flamme (*Idem*, 1908-19). — Frontières du cœur (*R. D. M.*, sept. 1911). — Nous, les mères. — Poum. — Pariétaire. — Pascal Géfosse (*Lect.*, I). — Prisme. — Simple histoire. — Terre natale. — Une époque : I. Désastre. II. Tronçons

de glaive, III. Braves gens, IV. Commune.
— Vanité. — *Idem* (*R. D. M.*, oct. 1906).
— Zette. — L'autre (*Illustr. théâtr.*).
MARGUILLIER. Albert Dürer.
MARICOURT (de). Richelieu et la duchesse
d'Elbeuf (*Revue*, juill. 1905). — Mort d'Ali,
pacha de Janina (*Rev. mondiale*, déc. 1920).
— Ed. CASANOVA. Société du XVIIIᵉ s.
MARIE (P.-A.). Écrivains normands. Pastiches.
MARIE (P.) et AUGIER. Anatomie, histologie
et physiologie [dentaires].
MARIE (A.). Pathologie [dentaire].
MARIE-ANTOINETTE. Souvenirs de Léonard.
Mémoires sur Marie-Antoinette (*Bibl. des
Mém.*, t. X).
MARIEJOL (J.-H.). Réforme, Ligue, Henri IV,
Louis XIII (*T. VI (2) Hist. de Lavisse*).
— Espagne sous Ferdinand et Isabelle.
MARION (F.). Optique. — Merveilles de la
végétation. — Collab. SAPORTA. Phané-
rogames. — Ballons.
MARION (H.). Leçons de morale.
MARION (M.). Bretagne et duc d'Aiguillon.
MARIVAUX. Théâtre choisi.
MARKOVITCH (M.). Révolution russe
(*R. D. M.*, mars 1917). — Dans l'Hende-
roun (*Illustr.*, 1899-1900).
MARLES (de). Grèce ancienne et moderne.
MARMIER. Au sud et au nord. — Souvenirs
de voyages. — Baltique et Mer du Nord. —
Gazida. — Nouvelles danoises. — Contes
russes. — Trad. SCHILLER. Théâtre.
MARMONTEL. Mémoires (*Bibl. des Mém.*,
t. V).
MAROC. Ce qu'il faut savoir du Maroc. — Dix
ans de protectorat. — 32 brochures sur
agriculture, commerce, industrie. — Numéro
spécial *Lectures pour Tous*.
MAROT. Œuvres.
MAROUZEAU. Traduction du latin.
MARQUARDT. Vie privée des Romains (*Anti-
quités romaines*, t. XIV et XV).
MARQUET. De la rizière à la montagne.
MARQUISET. Table de la Bibl. des Mémoires.
MARRE. Notre artillerie.
MARRIOT. Ile des vaisseaux perdus (*L. P. T.*,
déc. 1919).
MARSELE. Amour en cage, 3 actes (*Monde
illust.*).
MARSHALL. Cité des fleurs.
MARTEL (E.-A.). Évolution souterraine. —
Spéléologie.
MARTEL (L.). Proverbes français.
MARTEL (T.). L'Afrancesada.
MARTEL (V.). Cours de la Société d'Ému-
lation.
MARTHA. Archéologie étrusque et romaine.
MARTIAL (Dʳ). Hygiène du travailleur. —
L'ouvrier, son hygiène.
MARTIN (Alph.). Un problème social au
XVIIIᵉ siècle. — Le Havre et Cayeux-sur-
Mer. — IVᵉ centenaire du Havre. — Arts
et métiers du Havre. — Origines du Havre.
— Excursions à Orcher. — Description du
havre de Grâce. — La Cerlangue et Saint-
Jean-d'Abetot. — En Picardie. — Collab.
DUMONT (E.). Histoire de Montivilliers.
MARTIN (Ch.). Laiterie.
MARTIN (Henri). Histoire de France.
MARTIN (Henry). Grammaire des styles
(grec, romain, gothique, etc.).
MARTIN (Germain). Crédit en France.
MARTINIER (P.) et LEMERLE (G.). Pro-
thèse **bucco-faciale.**

MARTIN DU GARD. Abbaye de Jumièges. —
Les Thibault. I. Cahier gris, II. Péni-
tencier, III. Belle saison.
MARTINON. Orgueilleuse (*Rev. hebd.*, oct.
1926).
MARTINOT-LAGARDE (C.). Moteurs d'avia-
tion. — Moteurs à explosion.
MARTONNE (de). Géographie physique. —
Régions géographiques de la France.
MARULIER. Ame allemande (12 p.).
MARX (Karl). Le capital.
MARY-GILL. Lœla. — Faux dieux.
MARYAN. Faute du père.
MARZY. Hydraulique.
MASON (A.-E.-W). Maison de la peur (*Illustr.*,
1909-10). — Eau vive. — Témoin de la
défense (*L. P. T.*, oct. 1919).
MASPERO. Archéologie égyptienne. — Histoire
ancienne.
MASSE. Initiation juridique. — Pour choisir
une carrière.
MASSILLON. Extraits des sermons.
MASSINGHAM (H.-W.). Pourquoi l'Angleterre
a secouru la Belgique (8 p.).
MASSIS. Le sacrifice.
MASSON (Henri), callab. GODON. Dentisterie
opératoire.
MASSON (Aimé). Révolution russe.
MASSON (C.-F.-P.). Mémoires (*Bibl. des Mém.*,
t. XXII).
MASSON (Fr.). Les Goncourt (*Conférence
L. P. T.*, 1914). — Affaire Maubreuil.
MASSON (G.). Dépôt de Fresnay-sur-Viorne
(*La Revue*, mars 1919).
MASSON (M.). Enfants célèbres. — Lectures
en familles.
MASSON-FORESTIER. Jambe coupée. — An-
goisses du juge. — Fortune rapide (*Illustr.*,
1897). — Roman de François (*Idem*, 1898).
MATHERS. Griff of Griffithscourt.
MATHEY (O.) et MAIGNE. Dorure, argen-
ture et nickelage.
MATHIEU (D.). Statique et résistance des
matériaux (*Écol. sp. Trav. publ*).
MATHIEU (G.). Parfums, chants et couleurs.
MATHIEU (H.). L'A. B. C. du chauffeur.
MATHIEU (F.). L'alcool.
MATOUT. Pêche pratique.
MATRAT. Tu seras prévoyant.
MATTHEY (A.). Etang des sœurs grises.
MAUCLAIR (Camille). Religion de la musique.
— Héros de l'orchestre. — Vie de sainte
Claire d'Assise.
MAUGHAM (W.). Passe dangereuse (*Rev.
France*, avr. 1926).
MAUGRAS. Duc de Lauzun. — Pendant la
Révolution, 1789-1793.
MAUMENE et TREBIGNAUD. Manuel du
jardinage.
MAUPASSANT. Auberge. — Au soleil. — Bel
Ami. — *Idem* (*Lect. rétr.*, XIX). — Boule
de Suif. — Clair de lune. — Colporteur.
— Contes du jour et de la nuit. — Conte
de la bécasse. — Fort comme la mort. —
Idem (*Lect.*, IX). — Héritage (*Lect.*,
XIII). — Histoire d'une fille de ferme. —
Horla. — Inutile beauté. — Mademoiselle
Fifi. — Main gauche. — Miss Harriett. —
Monsieur Parent. — Mont-Oriol. — Notre
cœur. — *Idem* (*R. D. M.*, mai 1890). —
Père Milon. — Petite Roque. — Pierre et
Jean. — *Idem* (*Lect.*, III). — Rosier de
Madame Husson. — Sœurs Rondoli. —
Sur l'eau. — Toine. — Une vie. — Vie

errante. — Yvette. — *Idem* (*Lect. rétr.*, XV). — Œuvres choisies, éd. BERNOT. — Théâtre. — Souvenirs sur Guy de Maupassant par FRANÇOIS, son valet de chambre.

MAURER (P.). Electricien.

MAURETTE (F.). Grands marchés des matières premières. — Paysages de France.

MAUREY (Max) et JUBIN. Aventures de M. Haps.

MAURIAC. Genitrix. — Fleuve de feu. — Désert de l'amour. — *Idem* (*Rev. Paris*, nov. 1924). — Coups de couteau (*R. D. M.*, oct. 1926).

MAURIERE. Péché oublié (*Rev. France*, juin 1926).

MAURION. Formation du département de la Seine-Inférieure.

MAUROIS. Silences du colonel Bramble. — Bourgeois de Witzheim. — Discours du docteur O'Grady. — Ni ange, ni bête. — Vie de Shelley. — *Idem* (*Revue hebd.*, av. 1923). — Entretiens sur le commandement. — *Idem* (*Rev. Paris*, sept. 1924). Meïpe. — Bernard Quesney.

MAURY (A.). Drapeaux de la France.

MAURY (Fr.). Effort militaire français 160 p.).

MAURY. Sommeil et rêves. — Terre et l'homme.

MAURRAS. Pages choisies.

MAUZEVIN. Rose des métiers.

MA VIE, par une paysanne russe, éd. TOLSTOI.

MAXIME-DAVID. Histoire sans amour (*Rev. hebd.*, fév. 1918).

MAXWELL. Magie. — Crime et société. — Jardin du Diable (*Rev. Paris*, juill. 1926).

MAYAC. Cendra.

MAYER (lieut.-col.). Psychologie du commandement.

MAYER (G.). Chemins de fer.

MAYEUX. Composition décorative.

MAYGRIER. Mystères du magnétisme.

MAYNE-REID. Exilés dans la forêt. — Peuples étranges. — Chasseurs de girafes. — Grimpeurs de rochers. — A la mer. — Vacances des jeunes Boers.

MAYNIAL. Guy de Maupassant. — Orphelin.

MAYRAN. Epreuve du fils (*Rev. hebd.*, nov. 1920). — Récits de l'invasion (*R. D. M.*, juill. 1917). — Hiver (*R. D. M.*, oct. 1925).

MAZAUD. La bague (*L. P. T.*, déc. 1924).

MAZE (P.). Evolution du carbone.

MAZEL (H.). Ce qu'il faut lire.

MAZEL (P.). Collab. PERRET et NOYER. Orientation professionnelle.

MAZE-SENCIER. Livre des collectionneurs.

MEIGNAN. De Paris à Pékin.

MELANDRI (A.). Sœurs Hédouin.

MELEGARI (Dora). Celles que nous aimons (*Rev. hebd.*, août 1918). — Victorieuses. — Christine Auberjul (*Corresp.*, janv. 1906).

MELIN. Champs ensemencés (*Corresp.*, juin 1921).

MEMOIRES relatifs à l'histoire de France pendant le XVIIIᵉ s. (Collect. BARRIERE et LESCURE). — Mémoires et souvenirs (Collect. FUNCK-BRENTANO).

MEMOR. Allemagne nouvelle.

MENABREA. Les avares.

MENARD (L. et R.). Beaux-arts de la Renaissance à la fin du XVIIIᵉ s.

MENAULT (Ernest). L'intelligence des animaux (*Bibl. des merv.*).

MENDES. Dragon impérial.

MENDES. Monstres parisiens. — Sainte Thérèse. — Rose et noir.

MENGIN. Benozzo Gozzoli (*Maîtres de l'art*).

MENTELLE. Dictionnaire de géographie ancienne (*Encycl. méth.*, t. XXXVIII à XXXX).

MENTION. Armée de l'ancien régime.

MERAT. Au fil de l'eau. — Chimères.

MERCIER. Aventure de Pierre Vignal (*Rev. France*, nov. 1925).

MERCKENS. Collab. CART (Th.). Vocabulaire français-espéranto.

MEREAUX. Variétés littéraires et musicales.

MERE et GIGNOUX. Ingénu, 3 actes (*Monde ill.*). — Collab. WEINDEL. Par la force, 3 actes (*Cah. dramat.*).

MEREDITH. L'Egoïste.

MEREJKOWSKY. Mort des dieux. — Résurrection des dieux. — Fin d'Alexandre Iᵉʳ (*Rev. Paris*, avr. 1924). — Tout an Khamon en Crète.

MERIMEE. Histoire de Don Pèdre Iᵉʳ. — Carmen. — Dernières nouvelles. — Colomba. — Chronique de Charles IX. — Diane de Turgis. — Vénus d'Ille. Ames du Purgatoire. — Lettres à une autre inconnue. — Faux Démétrius (*R. D. M.*, déc. 1852). — Procès de M. Libri (*R. D. M.*, avr. 1852).

MERKLEN. Tuberculose, son traitement.

MERLET (G.). Poètes lyriques du XIXᵉ siècle.

MERLET (R.). Cathédrale de Chartres.

MERLOT. Ajusteur. — Monteur.

MEROUVEL. Fleur de Corse.

MERRIMAN. La Simiacine.

MERSON. Vitraux. — Peinture française aux XVIIᵉ et XVIIIᵉ s.

MERY. Nuits d'Orient. — Carnaval de Paris. — Mariages de Paris. — Mélodies poétiques.

MESLIER. Bon sens du curé.

MESNARD. Prévision du temps.

MESNEL (abbé). Saint Aquilin (86 p.).

METALNIKOV. Immortalité et rajeunissement.

METIN. Traités ouvriers. — Coll. SEIGNOBOS. Histoire moderne. — Contemporaine depuis 1815.

METTON. Village syndical.

MEUNIER (G.). Histoire de l'art. — Littérature française.

MEUNIER (M.). Légende de Socrate.

MEUNIER (St.). Paléontologie. — Convulsions de l'écorce terrestre. — Nos terrains. — Histoire géologique de la mer. — Glaciers et montagnes.

MEUNIER (V.). Gaietés de science. — Animaux d'autrefois. — Animaux à métamorphoses. — Philosophie zoologique.

MEURICE. Maître d'école.

MEURVILLE. Rose d'Ispaham (*Corresp.*, juin 1920).

MEYER. Ce que je peux dire.

MEYER-FORSTER. Baron de Heidenstam (*Illustr.*, 1906). — Vieil Heidelberg (*Illustr. th.*, 1904).

MEYNERS D'ESTREY. Au pays des diamants. — Aventures de Gérard Hendricks.

MEYNIER. Afrique noire.

MICHAUT. Jeunesse de Molière.

MICHEL. Partis politiques.

MICHEL (A.). Art moderne.

MICHEL (J.). Fécamp. Yport, Etretat.

MICHEL-ANGE. Quelques poèmes inédits (*Rev. hebd.*, janv. 1925).

MICHELET. Introduction à l'histoire universelle. — Soldats de la Révolution. — Histoire de France. — Henri IV. — Croisades. — François Ier et Charles-Quint. — Histoire du XIXe siècle. — Histoire de la Révolution française. — Extraits historiques par SEIGNOBOS. — Oiseau. — Sorcière.

MICHELET (Mme). Ma première confession (*La Revue*, 1908).

MICHELIN. Marais de Saint-Gond. — Bataille de la Marne. — Guide. Année 1909.

MICHIELS. Rubens. — Conte des montagnes.

MICHON. Moine. — Coll. DESBARROLLES. Mystère de l'écriture.

MICHOT (F.). Moulage.

MICKIEWICZ Lettres à Michelet (*R. D. M.*, mars 1924).

MIGEON. Le Caire; Memphis (Villes d'art célèbres).

MILADINOWITCH et BAIN. Histoire serbe.

MILAN (R.). Trois étapes.

MILES. Famille de polytechniciens.

MILHAUD (A.). Madagascar.

MILHAUD (C.). Ouvrière en France.

MILLE (P.). Sous leur dictée. — Trois femmes. — Monarque. — Trad. ZANGWILL. Les Enfants du Ghetto.

MILLET (C.). Merveilles des fleuves.

MILLET (R.). Socrate. — Rabelais.

MILLET-ROBINET et ALLIX. Livre des jeunes mères.

MILLEVOYE. Œuvres.

MILLOT. Tonkin.

MILTON. Paradis perdu.

MIMANDE. Roman d'Odette (*Illustr.*, 1900).

MIOMANDRE. Taupes (*Rev. hebd.*, fév. 1921. — Pantomime anglaise. — Ecrit sur l'eau. — Jeune fille au jardin. — Aventure de Thérèse Beauchamps. — Ombre et Amour.

MIRANDE. Mystérieux Jimmy, 3 actes (*Mond. ill.*, 1911).

MIRBEAU. Vingt et un jours d'un neurasthénique. — Affaires sont les affaires, 3 actes. — Coll. NATANSON. Foyer, 4 actes.

MIREPOIX (Levis). Campagnes ardentes.

MIRIANOFF. Evolutions sous voiles.

MIS Style commercial.

MISPOULET. Institutions politiques des Romains.

MISTRAL. Mireille. — Mémoires.

MITCHELL. Petite sagesse.

MOCH (G.). Relativité des phénomènes.

MOCH (J.). Russie des Soviets.

MOIGNO (abbé). Clef de la science.

MOINAUX (J.). Bureau du commissaire.

MOITESSIER. L'air.

MOLAND. Ed. A. CHENIER. — DESAUGIERS.

MOLE (F.-R.). Mémoires.

MOLE-GENTILHOMME. Chevalier de Mailly.

MOLENES. Palotte.

MOLIERE. Œuvres complètes.

MOLINARI. Irlande, Canada, Jersey. — Russie. — Etats-Unis et Canada.

MOLINIE (M.). Explosifs.

MOLINIER (E.). Emaillerie.

MOMMSEN. Histoire romaine, trad. C.-A. ALEXANDRE, R. CAGNAT et J. TOUTAIN. — *Idem*, trad. DE GUERLE. — Droit pénal romain (*Antiquités rom.*, t. XVII-XVIII).

MONCEAUX. Grèce avant Alexandre.

MONDE ILLUSTRE, 1907-1914, 1918-1919. — Supplément théâtral (*passim*).

MONFLIER (M.). Filature du coton.

MONFLIER (G.). G. Gravier (15 p.). — Retraite de G. Gravier (56 p.).

MONGEZ. Antiquités, mythologie, diplomatique (*Encycl. méth.*, t. II à VI).

MONGREDIEN. Libre échange en Angleterre.

MONIN (C.-V.). Dictionnaire de la Seine-Inférieure.

MONIN (D^r). Maladies épidémiques.

MONMARCHE. Normandie.

MONNIER (H.). Collab. TRIPIER. Codes.

MONNIER (M.). Récits et monologues.

MONNIOT (Mlle). Marguerite à vingt ans.

MONT SAINT-MICHEL (Histoire du).

MONTAIGNE. Essais.

MONTALEMBERT. Lettres (*La Revue*, fév. 1911).

MONTARGIS. Père Frago (*Revue mondiale*, sept. 1919).

MONTAUDRY. Cubage des bois.

MONTEFIORE. Gymnastique joyeuse.

MONTEGUT. Du pain. — Clowns. — Paix des campagnes (*Illustr.*, 1904). — Mère patrie Idem, 1909-10). — Archives de Guibray (*Idem*, 1901). — Usurier.

MONTESQUIEU. Œuvres.

MONTET. Islamisme. — Bible.

MONTEUX et PETIT. Loyers et guerre.

MONTFORT. La Turquie.

MONTGRAND. Camions et tracteurs.

MONTIER (Ed). Pé Claudel. — Tarsicius.

MONTIGNY. Madame de Sévigné.

MONTILLOT. Amateur d'insectes.

MONTJOYE. Histoire de quatre espagnols.

MONTLOSIER. Mémoires (*Bibl. des Mém.*, t. XXXVI).

MONTPELLIER. Coll. BARNI. Courants alternatifs. — Electricien.

MONTPENSIER. Mémoires (*Bibl. des Mém.*, t. IX).

MONTUPET (A.). Chaudronnerie en fer.

MONZIE. Réformes maritimes.

MORAEL. Marine marchande.

MORAIN (A.). Reconstitution de la région envahie.

MORAIN (J.). Sciences physiques.

MOREAU (E.). Nièce de Bonaparte. — Epée d'Austerlitz.

MOREAU (H.-C.). L'un ou l'autre.

MOREAU Hég.). Poésies. — Myosotis. — Contes.

MOREAU (L.). Brigand de la Cornouaille.

MOREL (Ern.). Idées de Magloire.

MOREL (Eug.). Bibliothèque. — Librairie publique. — Dépôt légal.

MOREL (J.). Muets aveux (*Mode pratique*).

MOREL-PAYEN. Département de l'Aube.

MORELLET. Dictionnaire du commerce (*Encycl. méth.*, t. 27 à 29. — Trad. ROBERTSON. Histoire de l'Amérique.

MORET. Au temps des Pharaons.

MOREUX (abbé). Que deviendrons-nous après la mort ? — Quelques heures dans le ciel. — Merveilles du monde. — Océan aérien. — Un jour dans la lune. — Eclipses. — Traité d'astronomie. — Autres mondes sont-ils habités. — Etude de la lune. — Tremblements de terre. — Assaut du pôle sud. — D'où venons-nous. — Où sommes-nous ? — Qui sommes-nous ? — Science des Pharaons. — Miroir sombre. — Calcul différentiel. — Géométrie. — Arithmétique, 1924. — Algèbre, 1925. — T. S. F.

MORGAN. Triste aventure. — Amants du passé. — Au fond d'un vieux manoir (*Rev. hebd.*, oct. 1919). — Rêve et vie (*Rev. hebd.*, déc. 1917).

MORIAC. Paris sous la Commune.

MORICE. Pourquoi visiter les musées ?

MORICEAU. Collab. PESSON-MAISON-NEUVE. Manuel du pêcheur.

MORILLOT. La Bruyère.

MORIN (F.). Loi civile en France. — France au moyen âge.

MORIN (L.). Amours de Gilles (*Lect.*, VI).

MORNET. Littérature et pensée françaises.

MORNY (de). Lettres (*Rev. Paris*, sept. 1924).

MORSE. Un anglais dans l'armée russe.

MORTANE. Les as.

MORUS. Voyage à l'île d'Utopie.

MOSELLY. Jean des Brebis. — Rouet d'ivoire. — Terres lorraines.

MOUEZY-EON. Collab. POLLET (M.). — Passé la grille, 4 actes (*L. P. T.*, fév. 1925). — Collab. VERCOURT. Tampon du capiston (*L. P. T.*, janv. 1926).

MOUGEOLLE. Problèmes de l'histoire.

MOUHOT. Siam, Cambodge, Laos.

MOULAN (Th.). Mécanique élémentaire.

MOULE. Spirit of Japan.

MOUREU. Chimie et la guerre.

MOUREY (G.). Sainte Douceline (*Rev. hebd.*, août 1922).

MOUTON. Capitaine Marius Cougourdan.

MOYNET. Envers du théâtre.

MOYNIER DE VILLEPOIX. Propreté (30 p.).

MUENIER. Gendre d'Elvire (*Corresp.*, fév. 1923).

MUHLFELD. Carrière d'André Tourette.

MULLER (A.). Chants de demain.

MULLER (Ch.). Rikette aux enfers. — Collab. GIGNOUX. Mil neuf cent douze. — Collab. REBOUX. A la manière de... — [Charles Muller par ses amis].

MULLER (E.). Boutique du marchand de nouveautés.

MULLER (L.). Autour de Rouen.

MULLER (J.-P.). Mon système pour la santé.

MUNGO-PARK. Intérieur de l'Afrique (*Voyages autour du monde*, t. IX).

MUNTZ. Tapisserie.

MURAT (p⁸⁸ᵉ). Raspoutine.

MURGER. Scènes de la vie de Bohème. — Vacances de Camille (*R. D. M.*, avr. 1857). — Roman de toutes les femmes. — Pays latin. — Claude et Marianne (*R. D. M.*, avr. 1851). —Adeline Protat (*R. D. M.*, fév. 1853).

MURRAY (G.). La guerre peut-elle se justifier ? (18 p.).

MUSIQUE (Maîtres de la).

MUSSET (A. de). Premières poésies. — Poésies nouvelles. — Comédies. — Contes. — Confession. — Œuvres posthumes. — Mélanges. — Nouvelles.

MUSSET (P. de). Lui et Elle (*Lect. rét.*, XV).

MUTUALITE (Congrès normand, 1921).

MUZET. Pays balkaniques. — Monde balkanique.

MYTHOLOGIE grecque et romaine.

N

NADAR. Robe de Déjanire.

NAIGEON. Philosophie ancienne et moderne (*Encycl. méth.*, t. XXXIII à LXXXV).

NAJAC. Collab. SARDOU. Divorçons.

NANSEN. Vers le pôle.

NANSOUTY. Dangers du feu. — Au feu. — Machinisme. — Trucs du théâtre.

NAPOLEON III. Lettres (*La Revue*, 15 nov. 1908).

NAPOLEON (Pr.). Lettres à Cavour (*R. D. M.*, janv. 1923).

NAQUET. Religion, propriété, famille.

NARREY. Amours faciles.

NATURE (La), 1907 et suivantes.

NAU. Force ennemie.

NAUDEAU. Japon. — En écoutant parler les Allemands. — Guerre et paix.

NAUROUZE. Autour d'un drame.

NAVARRE (Reine de). Heptaméron, 3ᵉ journée.

NAVARRE (Alb.). Organisation du bureau.

NAVERY. Patira. — Trésor de l'abbaye. — Jean Canada.

NAVON (A.-H.). Joseph Pérez.

NEGRI. Stella Matutina (*Rev. Paris*, juin 1925).

NEILL (A.-S.). A Dominie dismissed.

NERVAL (de). Filles du feu.

NERVAT. Histoire de Janine.

NETTO. Macambira.

NEUKOMM. Prussiens devant Paris.

NEVEUX (Pol). Douce enfance de Thierry Seneuse. — Golo.

NEYMARCK. Que doit-on faire de son argent ?

NEZARD. Eléments de droit public.

NICATI (Dʳ). Psychologie naturelle.

NICEPHORO. Indices de la civilisation.

NICODEMI. Refuge, 3 actes (*Illustr.*, 1909). — Aigrette, 3 actes (*Monde illustr.*, 1912).

NICOL. Angora et la France (34 p.).

NICOLARDOT. Confession de Sainte-Beuve.

NICOLAS (P.). Indo-Chine (*Expos.* 1900).

NICOLAS (G.). Tu seras chef de famille.

NICOLLE (Ch.). Pâtissier de Bellone. — Menus plaisirs de l'ennui.

NICOULLAUD. Ed. Mémoires de la comtesse de Boigne.

NIEBUHR. Voyage en Egypte et en Arabie (*Voyages autour du Monde*).

NIEL. Saint Aubin le Vertueux.

NIETZCHE (Frédéric). Pages choisies. — Ainsi parlait Zarathoustra. — Lettres (*La Revue*, avril 1913). — Nouvelles lettres (*Idem*, sept. 1908).

NIEWENGLOWSKI et GERARD. Géométrie.

NIGOND. Sophie Arnould, 3 actes (*Coll. Fr. dram.*).

NION (de). Angoisse, 3 actes (*Monde ill.*, 1911). — Alerte, 3 actes (*Idem*, 1912). — Etat second, 3 actes (*Idem*, 1913). — Son sang pour l'Alsace (*Idem*, 1915).

NIOX. Guerre de 1870.

NISSON. Masque doré (*Corresp.*, août 1912).

NITHARD. Fils de Louis le Pieux.

NOAILLES (de). Dernière passion d'Henri IV (*Rev. hebd.*, janv. 1924).

NOAILLES (Cˢˢᵉ de). Poème de l'amour.

NOBECOURT (P.). Alimentation des nourrissons.

NODET. Eglise de Brou.

NODIER. Contes fantastiques. — François les Bas-bleus. — Contes de la veillée. — Neuvaine de la Chandeleur (*Lect. rét.*, XVI).

NOEL (Al.). Bonheur des autres. — Loup dans la bergerie.

NOEL (Eug.). Campagne. — Loisirs du Père Labêche. — Voltaire et Rousseau. — Rabelais. — Fin de vie. — Rouen. — Rouen, promenades. — Mémoires d'un imbécile. — [Monument d'Eugène Noël.]

NOEL (P.). Apiculture. — Chez les bêtes. — — Champignons comestibles. — Collab. VIRET. Petites bêtes. — Collab. ROSSET. Pommier et cidre.

NOHAIN (Frank). Fables.

NOLHAC (de). Ed. Mme VIGEE LE BRUN. Souvenirs. — Ronsard (*Correspond.*, avr. 1921). — Louis XV et Madame de Pompadour.

NORDMANN (Ch.). Einstein. — Royaume des cieux. — Notre maître le temps. — A coups de canon.

NORIAC. Mademoiselle Poucet. — Le 101e régiment. — Capitaine sauvage.

NORMAND (Ch.). Monluc.

NORMAND (J.). Paravents et tréteaux. — Monde où nous sommes.

NORMANDA-STELO. Groupe de Rouen.

NORMANDIE (En). Guide dans le Calvados.

NORMANDIE MEDICALE. 1924 et ss.

NORMANDIE MILITAIRE. 1925 et ss.

NORMANDIE-SPORTS. 1919 et ss.

NORVINS (de). Histoire de Napoléon.

NOSBAN et MAIGNE. Ebéniste et tablettier. — Menuisier et layetier-emballeur.

NOSTRADAMUS. Oracles.

NOTER. Elevage de l'escargot. — A. B. C. D. de la taille des arbres fruitiers, 1924.

NOTHOMB. Barbares en Belgiques. — Rédemption de Mars (*Rev. hebd.*, nov. 1921). — Blason champêtre (*Corresp.*, oct. 1923). — Le lion ailé (*Rev. hebd.*, nov. 1925).

NOTICE descriptive des nouveaux uniformes.

NOULENS (H. de). Nouveau code de la route.

NOURY (J.). Mlle de Champmeslé.

NOUSSANE (H. de). Aventure du Tasse à Chaalis (*Correspond.*, nov. 1921). — Un foyer (*Idem*, avr. 1919). — Roman pour ma fiancée (*Idem*, avr. 1909). — Aventure d'Alexandre Andryanne (*Idem*, août 1913).

NOUVEAU testament, version Ostervald.

NOVAT (J.). Résistance des matériaux.

NOVICOW. Fédération de l'Europe.

NOYER. Collab. PERRET et MAZEL. Orientation professionnelle.

NOZIERE. Bel ami. — Eternel mari (*Monde ill.*, 1912).

NUGENT. Souvenirs d'un voyageur.

O

O'BERS. Révolte en Bengale.

ŒUVRE des Enfants à la Mer, 1905, 1907, 1908.

OHNET (Georges). Ame de Pierre. — Amour commande. — Aventures de Raymond Dhantel. — Au fond du gouffre. — Brasseur d'affaires. — Chemin de la gloire. — Cœurs en deuil. — Comtesse Sarah. — Conquérante. — Crépuscule. — Curé de Favières. — Dame en gris. — Dames de croix-mort. — Dette de haine. — Dernier amour. — Dixième muse. — Docteur Rameau. — Droit de l'enfant. — Gens de la noce. — Grande marnière. — Inutile richesse. — Lendemain des amours. — Lise Fleuron. — Maître de forges. — Marchand de poison. — Marche à l'amour. — Mariage américain. — Nemrod et Cie. — Noir et rose. — Partisan. — Pour tuer Bonaparte. — Revenant. — Roi de Paris. — Route rouge. — Serge Panine. — Serre de l'aigle. — Ténébreuse. — Vieilles rancunes. — Volonté.

OKAKURA. Réveil du Japon.

OLIVET (abbé d'). Trad. CICERON. Pensées.

OLIVIE (Eug.). Dialogue des vivants.

OLIVIER (P.). Cent poètes lyriques.

OLLIVIER (Em.). Philosophie d'une guerre. — Guerre de 1870 (*R. D. M.*, avril 1912). — Batailles devant Metz (*Idem*, juin 1913). — Fin de l'Empire (*R. D. M.*, juin 1914). — Journal intime (*R. D. M.*, juill. 1925).

O'NEDDY. Œuvres en prose.

OPIE (Mis). Etrennes à mon fils (t. II).

OPINIONS allemandes sur la guerre moderne.

OPPENHEIM. Double traître.

ORATEURS de la Révolution (Mirabeau, Barnave, Vergniaud, Danton, Robespierre, Saint-Just, C. Desmoulins, Royer-Collard, Cam. Jordan, choix de discours).

OR SINCLAIR. souffle qui passe (*Rev. mondiale*, août 1922).

ORCINES. Leurs exploits (16 p.). — Race de proie (16 p.).

ORCZY. Mouron rouge.

ORINO (d'). Contes de l'au-delà.

ORLEANS (Ch. d'). Poésies (à la suite de VILLON).

ORLEANS (Henri d'). Autour du Tonkin.

ORLIAC (d'). Madeleine de Glapion (*Rev. hebd.*, fév. 1919). — Chanteloup (*Idem*, mai 1922). — Vers lui.

ORVIETO. Légendes du monde grec.

OSCAR II, roi de Suède. Charles XII.

OSMAN-BEY. Imans et derviches.

OSSENDOWSKI. Hommes, bêtes et dieux.

OSTERWALD. Trad. Nouveau testament.

OSTWALD (W.). La Chimie. — Les grands hommes.

OTT (A.). Asie occidentale et Egypte. — Inde et Chine.

OUDARD. L'Homme marié.

OUDOT (E.). Machines marines.

OUIDA. Fresques (*R. D. M.*, juin 1883). — Selve (*Idem*, juin 1898).

OURLIAC. Portraits de famille. — Fantaisies. — Contes du Bocage. — Contes sceptiques.

OURSEL. Histoire ecclésiastique de Rouen.

OURSEL (Mme). Biographie normande.

OUVRIER (L'). 1907, 1909-1910.

OUVRIER (L') moderne, 1914, 1920, 1921.

OVIDE. Les métamorphoses.

OZANAM. Lettres à V. Cousin (*Corresp.*, mai 1921).

P

P. F. Bruneval Notre-Dame (59 p.).

PACORET. Appareils de levage.

PAGES D'HISTOIRE : I. Chronologie de la guerre 1914-1918. — II. Communiqués officiels, 1914-1918. — III. Citations, 1914-1916. — IV. Pourparlers diplomatiques, 1913-1914. — V. Documents et ouvrages divers : Séance historique de l'Institut (23). Allemagne (27, 28). Le « 75 » (32). Allemands en Belgique (34). Voix américaines (37, 38, 75, 90). Paroles allemandes (40, 44). Poésies et chants (41, 72, 109, 119). Suisse (46). Marius (50, 83). Volontaires étrangers (57). Organisation du crédit (58, 101). Vie économique (62). Œuvre de la France (63). Origines historiques de la guerre (65). Rôle de la physique (66). Armée belge (71). Voix italiennes (74). Voies espagnoles (76). Paroles françaises (79, 80). Mines et tranchées (82). Alsaciens-Lorrains (84, 134). Œuvre de M. Delcassé (85). Terres meurtries (87). Complot austro-allemand aux Etats-Unis (88). Prospérité de l'Allemagne (91, 106). Massacres d'Arménie (92). Guerre aérienne (98). Droit de la guerre (96). Pangermanisme (99). Bataille marocaine (103). Effort de la France (105). Explosifs (107). Forces économiques des belligérants (108). Emprunts de guerre (110). Caricaturistes (112). Crimes allemands (116). Hollande (124). Révolution russe (135). Buts de guerre (137). Déportations belges (138). Plaies de guerre (139). Pourquoi nous nous battons (140). Incident Czernin-Clémenceau (148). Conquêtes africaines des Belges (151). Magistrature belge (152). Mémoire Lichnowsky (154). Epopée de Zeebrugge (158). Lutte financière (162). — VI. Traité de Versailles. — VII. Atlas.

PAGNIER. Collab. CART (Th.). Espéranto.

PAILLERON. Age ingrat. — Etincelle. — Faux ménages. — Monde où l'on s'amuse. — Monde où l'on s'ennuie. — Parasite. — Poupée. — Souris.

PAILLERON (Mme). François Buloz et ses amis (*R. D. M.*, fév., sept. 1918, août 1922).

PAINE. Victoire imprévue.

PALEOLOGUE. Art chinois. — Vauvenargues. — Russie des tsars pendant la guerre (*R. D. M.*, avril à déc. 1921). — Avenir de la Russie (*Rev. hebd.*, mars 1924). — Talleyrand, Metternich, Chateaubriand (*R. D. M.*, avril 1924).

PALGRAVE (W.-G.). Dans l'Arabie centrale.

PALLU DE LA BARRIERE. Gens de mer.

PALUSTRE. Architecture de la Renaissance.

PANGE (C^sse de). Un amour de Mme de Staël *R. D. M.*, oct. 1924).

PANIS. Catalogue des papillons de France.

PAOLI. Leurs majestés.

PAON (P.). Abbaye de Jumièges (*Soc. étud. loc.*, 1913).

PAR CHEZ NOUS. 1920, 1921, 1922.

PARIGOT. Auteurs comiques du XVIIe et du XVIIIe s. — Alexandre Dumas père.

PARIS (E.). Pour devenir commerçant.

PARIS (Expositions de). 1878, 1889, 1900.

PARIS (G.). Littérature française au moyen-âge. — Collab. LANGLOIS (E.). Christomathie du moyen âge.

PARIS (comte de). Lettres (*La Revue*, mai 1910).

PARIS (P.). Sculpture antique.

PARISET (Mme) et CELNART (Mme). Maîtresse de maison.

PARMENTIER (A.). Album historique, publ. par E. Lavisse.

PARMENTIER (E.). Extr. des Mémoires de Saint-Simon.

PARNASSICULET (Le) contemporain.

PARVILLE (de). Causeries scientifiques.

PASCAL (Bl.). Opuscules philosophiques. — Œuvres complètes. — Pensées.

PASCAL (E.). Cygne noir.

PASQUIER (chancelier). Mémoires.

PATIN. Tragiques grecs.

PASTOR'S. Wife.

PASTRE. Neuvième croisade (*Rev. hebd.*, août 1925).

PATRI (Ang.). Vers l'école de demain.

PAULHAN (F.). Physiologie de l'esprit. — Transformations des sentiments.

PAULHIAC. Sahara, Niger, Tombouctou.

PAULIAN (L.). Paris qui mendie.

PAULIN (G.). et PESSON-MAISONNEUVE. Manuel du pêcheur.

PAULME. Rapport sur le mouvement littéraire (*Assises de Caumont*, 1908).

PAUPHILET. Roue des fortunes royales.

PAVIE (A.). Mission Pavie. Indo-Chine.

PAYOT. Morale. — Art d'écrire.

PEARY. Assaut du Pôle Nord.

PECHEUX (H.). Problèmes d'électricité.

PEDROSO. Américains chez eux.

PEFFERKORN. Football-association.

PEGUY. Œuvres choisies. — Tapisserie de Sainte Geneviève et de Jeanne d'Arc (*Corresp.*, nov. 1912). — Châteaux de Loire (*Corresp.*, mai 1913).

PEINTRES ILLUSTRES, publ. par H. ROUGON. Fra Angelico; Bastien Lepage; Paul Baudry; Rosa Bonheur; Botticelli; Boucher; Breughel le Vieux; Chardin; Corot; Le Corrège; Louis David; Decamps; Diaz; Albert Dürer; Fragonard; Fromentin; Gainsborough; Gérôme; Goya; Greuze; Franz Hals; Hébert; Henner; Holbein; Ingres; Quentin La Tour; Le Brun; Meissonier; Millet; Murillo; Nattier; Poussin; Raphaël; Regnault; Rembrandt; Reynolds; Rubens; Le Tintoret; Le Titien; Van der Goës; Van Dyck; H. et J. van Eyck; Vélasquez; Véronèse; Vigée Le Brun; Léonard de Vinci; Watteau; Ziem. — Les Bellini (CAMMAERT). Le Nostre (GUIFFREY). Titien HAMEL). *Coll. Grands Artistes.*

PELAY. Translation du corps de l'abbé de la Salle.

PELLEGRIN. Vie d'une armée pendant la guerre.

PELLERIN. Goût du toc, 1 acte (*Monde ill.*).

PELLETAN (C.). De 1815 à nos jours.

PELLETAN (E.). La famille, la mère. — Décadence de la monarchie. — Heures de travail.

PELLICO. Mes prisons. Devoirs des hommes.

PELLISSIER (G.). Poètes du XIXe siècle. — Théâtre français contemporain. — Prosateurs français contemporains.

PELLOUTIER. Bourses du travail.

PENCIOLELLI. Code de l'Assistance.

PENNETIER. Evolution des connaissances en histoire naturelle. — Origine de la vie. — Gros et petit bétail. — Naturalistes normands (34 p.).

PENQUER (Mme). Chants du foyer.

PERATE. Archéologie chrétienne. — Versailles (*Villes d'art célèbres*).

PERCEVAL. Un beau mariage.

PERDREL-VAISSIERE (J.). Bois de huis (*Correspond.*, juin 1923).

PEREDA. Soliteza (*R. D. M.*, sept. 1898).

PEREFIXE. Histoire de Henri le Grand.

PERGAUD. De Goupil à Margot.

PERIAUX. Dictionnaire des rues de Rouen.

PERICARD. Debout les morts.

PERIGNY. Fez. — Marrakech. — Républiques de l'Amérique centrale.

PERNOT. Politique de Pie X. — Nouvelle Turquie (*R. D. M.*, janv. 1924).

PEROCHON. Néne. — Creux de maisons. — Chemin de plaine. — Parcelle 32. — Gardiennes. — Ombres. — Hommes frénétiques (*Rev. France*, juillt 1925).

PERRAULT. Contes.

PERREAU (X.). Collab. WYZEWA. Grands peintres de la France.

PERREE. Filature mécanique du coton en Normandie (21 p.).

PERRENS (F.-T.). Civilisation florentine.

PERRENS (M.). Entre deux jardins (*R. D. M.*, août 1920).

PERRET, MAZEL et BOYER. Orientation professionnelle.

PERRET. Coq basque (*Lect.*, XXVIII). — Bague d'argent (*R. D. M.*, janv. 1904). — Prieuré (*Idem*, janv. 1865). — Sept croix de la vie (*Idem*, mai 1866). — Derniers rêveurs (*Corresp.*, 1889).

PERRET-MAISONNEUVE (A.). Apiculture intensive.

PERRIER (Ed.). Vie en action. — A travers le monde vivant.

PERRIER (R.). Zoologie.

PERRIN. Quand l'Anglais régnait en France.

PERSEGOL. Horloger-rhabilleur.

PERSOZ. Impression des tissus.

PERTUS. Le chien. Hygiène.

PESSON-MAISONNEUVE et MORICEAU. Manuel du pêcheur.

PESSONNEAUX. Trad. XENOPHON. Œuvres.

PETER et FALK. Pouche, 3 actes (*Cahiers dramat.*).

PETIT (Ange). Fief de Damville (Eure).

PETIT (Ed.). De l'école à la guerre.

PETIT (Eug.). Economie rurale.

PETIT (G.-E.), BOUTHILLON. T. S. F.

PETIT (G.). Cartonnier.

PETIT (Max.). Incendies célèbres. — Histoire de France contemporaine.

PETIT (Paul). Industries de l'alimentation.

PETIT (Paul). Collab. H. LICHTENBERGER. Impérialisme économique allemand.

PETIT (R.-M.). Collab. MONTEUX. Les loyers et la guerre.

PETIT DE JULLEVILLE. Histoire de la langue française. — Morceaux choisis (moyen âge et XVIᵉ siècle). — Histoire de la littérature française. — Théâtre en France.

PETIT-DUTAILLIS (Ch.). Charles VII-Louis XI, t. IV (2) (*Hist. de Lavisse*).

PETTIT (Ch.). Dogue et félins.

PEYRE. Nîmes. Arles. Orange. Saint-Rémy (*Villes d'art célèbres*). — Cordoue et Grenade (*Idem*). — Séville (*Idem*). — Empire romain.

PEYREBRUNE (de). Marco (*R. D. M.*, août 1881). — Jean Bernard (*R. D. M.*, sept. 1882).

PEYRET. Colonies de la République Argentine.

PEYRONNET. Médecin des pauvres.

PEZET. Seigneurs de Ryes en Bessin.

PFISTER (C.). Christianisme (T. 2 (1) *Hist. Fr. Lavisse*).

PHÈDRE. Fables. trad. PANCKOUCKE.

PHILIPPE et DAUCHY (F.). Algèbre.

PICARD (Ed.). Droit pur. — Constantes du droit.

PICARD (Ern.) et PAULIER. Mémoires du général Decaen.

PICARD (Em.). Science moderne.

PICAVET. La Suisse.

PICHARD (A.-E.). Instruction primaire.

PICHAT. Art et artistes en France.

PICHON (Alf.). Fra Angelico (*Maîtres de l'art*).

PICHON (Dʳ). Un voyage au Yunnan.

PIÉCHAUD. Mademoiselle Pascal (*Coll. France dramatique*). — Dernière auberge (*Rev.* hebd., juill. 1921). — Sommeil des amants, 4 actes (*Coll. Fr. dram.*). — Vallée heureuse (*Rev. France*, sept. 1925). — Retour dans la nuit (*Rev. hebd.*, avr. 1914).

PIEDAGNEL. Avril. — Ed. H. MOREAU. Poésies.

PIEQUET (O.). Rapports sur l'industrie (*Assises de Caumont*, 1908).

PIERON (H.). Evolution de la mémoire.

PIERRE (Eug.). Droit parlementaire.

PIERREFEU (de). G. Q. G. — Plutarque a menti. — Anti-Plutarque.

PIERRON (Al.). Littérature romaine. — Littérature grecque.

PILLAUT. Instruments et musiciens.

PILLION (L.). Portails de la cathédrale de Rouen. — Sculpteurs français du XIIIᵉ s. (*Maîtr. de l'art*).

PILON. Chardin (*Maîtres de l'Art*). — Pèlerinages de guerre.

PINARD (Dʳ). Puériculture.

PINCHON (R.) Théâtre.

PINON (R.). François-Joseph.

PINON (Mᵐᵉ). Trad. FOTHERGILL. Premier violon.

PIQUE-NIQUE (En). Publ. par la *Société des Gens de Lettres*.

PIQUET. Le Maroc.

PIRANDELLO. Six personnages en quête d'auteur (*Coll. Fr. dram.*). — Diplômé, 1 acte (*R. D. M.*, déc. 1923). — Donna Mimma (*Rev. hebd.*, juin 1922). — Figues de Sicile, 1 acte (*R. D. M.*, juin 1924). — Volupté de l'honneur (*Coll. Fr. dram.*). — L'autre fils (*Rev. Fr.*, juill. 1925).

PIRENNE. Démocraties des Pays-Bas.

PIRON. Morceaux choisis (*Petits poètes du XVIIIᵉ s.*).

PISSARD. Connaissance et preuve des coutumes en justice.

PITRAY (Mᵐᵉ de). Quelqu'un. — Fils du maquignon.

PIZARRE. Conquête du Pérou (*Voyages autour du monde*, t. XII).

PIZON (Antoine). Anatomie et physiologie végétales. — Anatomie et physiologie humaines.

PLANIOL. Droit civil.

PLANTET. Coll. DELPY. Colonies de vacances.

PLAUTE et TERENCE. Extraits par FABIA. — Extr. par SCHNEEGANS.

PLEIADE (poètes de la). Ponthus de Thyard. Joachim du Bellay. Remy Belleau. Etienne Jodelle. J.-A. de Baïf (*Pièces choisies*).

PLESSIS (Fr.). Angèle de Blindes (*R. D. M.*, juin 1896).

PLICQUE. Coll. DEBOVE. Hygiène.

PLINE LE JEUNE. Œuvres complètes (*Collect. Nisard*) (Relié avec QUINTILIEN).

PLUMON. Conversation français-russe.

PLUTARQUE. Vies. trad. TALBOT. — *Idem*, trad. RICARD.

POE. Arthur Gordon Pym. — Histoires extraordinaires. — Scarabée d'or. — Histoires grotesques. — Nouvelles histoires extraordinaires. — Politien (*Rev. France*, juill. 1925).

POETES LYRIQUES du XIXᵉ siècle. Ed. MERLET.

POETES (petits) du XVIIIᵉ siècle. J.-B. Rousseau. Lefranc de Pompignan. Houdard de la Motte. Bernis. Piron. Saint-Lambert. Thomas. Gresset. Dorat. Lebrun, Gilbert, Roucher, Parny, Delille (morceaux choisis).

POHER. Produits agricoles.

POILUS (Un groupe de). Contes véridiques des tranchées. — Nouveaux contes véridiques. — Sous les obus. — Au bruit du canon. — De la Somme à Verdun.

POINCARE (H.). Valeur de la science. — Science et hypothèse. — Science et méthode. — Dernières pensées. — Savants et écrivains. — Collab. BERGSON. Matérialisme actuel.

POINCARE (L.). Physique moderne. — Electricité. — Education.

POINCARE (R.). Origines de la guerre. — Avant-propos aux Tableaux d'histoire de Guillaume II. Cf. APPUHN et RENOUVIN.

POISLE-DESGRANDES. Péchés capitaux.

POIZAT. Dame aux lévriers. — Inès de Castro, 3 actes (*Monde ill.*). — Sophonisbe, 4 actes (*Illustr. th.*).

POLICE. Vingt ans de police. — Règlement général de police de Rouen. — Suppléments au Règlement général.

POMAIROLS. Ascension.

POMIANE. Bien manger pour bien vivre.

POMPADOUR (Mme de). Mémoires (*Coll. F. Brentano*). — Lettres (*Revue*, juin 1907).

POMPIGNAN (de). Didon (*à la suite de* ROTROU). — Morceaux choisis (*Petits poètes du XVIIIe siècle*).

PONCY. Poésies.

PONGERVILLE (de), trad. MILTON. Paradis perdu.

PONT, collab. RIVIERE et HELIE. Code civil. — Code de commerce.

PONT-AUDEMER. Cahier des doléances de la ville. — *Idem* du bailliage.

PONTMARTIN (A. de). Souvenirs d'un vieux mélomane. — Mémoires. — Causeries du samedi. — Notice sur Charles de Bernard. (*T. I des Œuvres*).

PONTUS DE THYARD. Pièces choisies (*Poètes de la Pléiade*).

PORADOWSKA. Demoiselle Micia (*R. D. M.*, déc. 1888). — Pour Noémi (*Idem*, août 1890). — Hors du foyer (*Corr.*, fév. 1919).

POREE (Ch.). Abbaye de Vezelay. — Guide aux Andelys.

POREE (chan.). Abbaye du Bec. — Statuaire en Normandie (62 p.).

PORQUET. Droit d'aînesse en Normandie (97 p.).

PORTO-RICHE. Zubiri. 1 acte (*Monde ill.*).

POSTAL et FERET. Poètes normands.

POUCHKINE. Poèmes dramatiques.

POUESLAN. L'inconnu de ma maison d'Auteuil (*Rev. hebd.*, juill. 1924).

POUGIN. Dictionnaire du théâtre. — Boïeldieu.

POULIN (L.) et LOUTIL (E.). Conférences.

POUQUET (J.-M.). Madame de Cailluvet.

POUQUEVILLE. Voyage en Grèce (*Voyag. aut. du monde*, t. XII).

POURTALES. Franz Liszt (*Rev. hebd.*, juin 1925). — Montclar (*Rev. hebd.*, oct. 1926).

POUSSIER. Lemoine, miniaturiste (11 p.).

POUTIATINE (princesse). Derniers jours du grand duc Michel (*R. D. M.*, nov. 1923).

POUVILLON. Petites gens. — Chante-Pleure. — *Idem* (*R. D. M.*, déc. 1889). — Jean de Jeanne. — *Idem* (*R. D. M.*, mai 1886). Innocent (*Idem*, mai 1884). — Antibel (*Idem*, mai 1892).

POUVOURVILLE. Art indo-chinois.

POWELL. Guerre en Flandre.

POWER (G.). Culture du pommier. — Fabrication du cidre.

PRADAL et MALEPEYRE. Parfumeur.

PRAROND. A la chute du jour.

PRAVIEL. Dernier des Napoléons (*L. P. T.*, janv. 1925). — Notre-Dame de Praslin (*Rev. Fr.*, déc. 1925).

PRECIS de grammaire latine.

PRENTOUT. Normandie. — Dudon de Saint-Quentin. — Caen et Bayeux (*Villes d'art cél.*). — Origines du duché de Normandie.

PREVOST (G.). Château de Canteleu (36 p.).

PREVOST (E.) et DORNIER (Ch.). Livre épique.

PREVOST (M.). Adjudant Benoît. — Automne d'une femme. — Anges gardiens. — Confession d'un amant. — Chonchette. — *Idem* (*Lect.*, XXXI). — Cousine Laura. — Demi-vierges. — Domino jaune. — Don Juanes. — Fausse bourgeoise. — Femmes. — Henriette Deraisme (*Illustr.*, 1907). — Heureux ménage. — Jardin secret. — Lettres à Françoise. — Nouvelles lettres. — Lettres de femmes. — Nouvelles lettres. — Dernières lettres. — Mariage de Juliette. — Mademoiselle Jaufre. — Missette. — Monsieur et Madame Moloch. — Nouvelles féminités. — Nuit finira. — Pierre et Thérèse. — Poupette (*Illustr.*, 1908-1909). — Princesse d'Erminges. — Scorpion. — Nimba. Mariage de Julienne. Moulin de Nazareth. — Frédérique. — Léa. — Nouvelle couvée (*R. D. M.*, avril 1912). — Art d'apprendre. — Sa maîtresse et moi (*Rev. France*, déc. 1924).

PREVOST (abbé). Manon Lescaut.

PREVOST-PARADOL. La France nouvelle.

PREVOYANCE mutuelle. Compte rendu, 1905 à 1913).

PREVOYANCE. Revue des institutions de prévoyance. 1919-1920.

PRINCIPES D'HYGIENE. Fondation ROCKFELLER (32 p.).

PRIVAT-DESCHANEL, collab. CAILLAUX. Impôts en France.

PROGRAMMES de l'enseignement secondaire. Pour l'examen d'aptitude professionnelle.

PROPOS de Tante Rosalie.

PROU. Gaule mérovingienne.

PROUDHON. Amour et mariage. — Capacité politique les classes ouvrières.

PROUST. A la recherche du temps perdu. I. Côté de chez Swann; II. A l'ombre des jeunes filles; III. Côté de Guermantes; IV-V. Sodome et Gomorrhe; VI. Prisonnière; VII. Albertine disparue. — Plaisirs et jours. — Lettres (*Rev. France*, janv. 1925).

PROVINS. Dialogues d'amours. — Comment elles nous prennent.

PRUDENT (Mgr). Notre-Dame de Bonsecours.

PRUDHOMME (A.). Histoire de Bayart.

PRUD'HOMME (L.). Ciel pour tous.

PRUDHOMME (Sully). Œuvres.

PSICHARI. Voyage du Centurion. — Voix qui crient dans le désert (*Corresp.*, nov. 1919).

PUPIN. Richesse privée avant et après guerre.

PUAUX. Ed. le Mémoire du prince de Lichnowsky. — Foch. 1918.

PUJOL (René). Soleil noir (*L. P. T.*, avr. 192.).

PYLEKANEN. Soif d'idéal (*Rev.*, sept. 1911).

Q

QUANTIN. Exposition de 1900.

QUATREFAGES (de). Espèce humaine.

QUATRELLES. Un Parisien dans les Antilles. — Arc-en-ciel. — Mille et une nuits matrimoniales.

QUEIROZ. Mandarin (*Revue*, août 1911).

QUENEDEY. Prison de Jeanne d'Arc. — Donjon du château de Ph.-Auguste. — Prannel de la tour de la Pucelle. — Demipied gallo-romain de Criquebeuf-sur-Seine. — Règle-mesure d'un pied trouvée à Rouen. — Habitation rouennaise.

QUESNEL (G.). Conquête de l'Algérie.

QUICHERAT. Histoire du costume.

QUICHERAT (L.). Dictionnaire français-latin. — *Idem* latin français.

QUIN (L.-C.). Le Havre avant l'histoire (44 p.).

QUINET. Siège de Paris. — Lettres (*Revue*, août 1904). — Les Roumains (*R. D. M.*, janv. 1856).

QUINTE-CURCE. Vie d'Alexandre le Grand. Trad. VAUGELAS.

QUINTILIEN. Œuvres (*Collect. Nisard*).

QUIROZ. Eulalia. — Tres flores del corazon.

R

RABASSE. Fiefs en Normandie au moyen âge.

RABAUD. Biologie générale. — Hérédité.

RABELAIS. Œuvres.

RABION. Poésie française depuis le XVIᵉ s.

RABOT. Aux fjords de Norvège. — Vers le pôle. Trad. NANSEN.

RABOU. Louison d'Arquien.

RABUSSON. Amie (*R. D. M.*, sept. 1885). — Epousée (*Idem*, août 1888). — Hostilité conjugale. — Roman d'un fataliste (*Idem*, avr. 1885). — Dans le monde. — *Idem* (*Idem*, oct. 1882). — Hallali (*Idem*, juill. 1890). — Monsieur Cotillon (*Lect.*, XXXI). — Stage d'Adhémar (*R. D. M.*, juin 1886). — Madame de Givri (*Idem*, oct. 1883). — Un homme d'aujourd'hui (*Idem*, avr. 1887). — Mon capitaine (*Idem*, fév. 1888). — Illusion de Florestan (*Idem*, juin 1889). — Idylle et drame (*Idem*, oct. 1889). — Moderne (*Idem*, mai 1891). — Chimères de Mac Leprêtre (*Idem*, mars 1898).

RACES HUMAINES. Types, mœurs.

RACHILDE. Le grand Saigneur. — Souris japonaise.

RACINE (J.). Théâtre complet. — Dix sonnets inédits (*Corresp.*, sept. 1910). — Triomphe de Lulli aux Champs-Elysées (*Revue*, oct. 1913). — Maximes et aphorismes (*Idem*, janv. 1912.

RACHEL. Lettres (*Revue*, mai 1910).

RADIOT. Tunis en Ramadan (*Lect.* XVIII).

RAGEOT. Natalité. — Voix qui s'est tue (*Illustr.*, 1913). — Lumière rouge (*Idem*, 1909-10). — Grand homme (*Idem*, 1908-09). — Collab. BOUGLE. Le France en guerre.

RAGOT (A.). Ed. Le Tasse. Jérusalem délivrée.

RAMBAUD (A.). France coloniale. — Révolution française. — Civilisation française. — Civilisation contemporaine en France. — Français sur le Rhin. — Histoire de la Russie. — Collab. LAVISSE. Histoire générale.

RAMBAUD (P.). Instruments de pesage.

RAMBOSSON (J.). Pierres précieuses. — Météores. — Lois de la vie.

RAMEAU. Nature. — Plus que de l'amour.

RAMEL-CALS. Belle captive (*Rev. France*, déc. 1925).

RAMPAL. Voir CLERC-RAMPAL.

RAMSAY MAC DONALD. Voir MAC DONALD.

RAMUZ. Passage du poète. — Samuel Bellet. — Guérison des maladies.

RANC. Une conspiration (*Lect.*, XII).

RANCES. Novels and comedies.

RANQUET. Cathédrale de Clermont-Ferrand.

RASMUSSEN. Psychologie de l'enfant.

RASPAIL (Dʳ). Affaire Lafarge (*La Revue*, sept. 1913).

RATISBONNE. Figures jeunes. — Comédie enfantine.

RAVELET. Vie de J.-B. de La Salle.

RAVET. Au pays normand. — Marine des Vikings (56 p.).

RAYMOND. Espagne et Portugal.

RAYOT. Précis de morale.

REAU. Peter Vischer (*Maîtres de l'art*).

REBELLIAU. Louis XIV, t. VIII (1) (*Hist. de °Lavisse*). — Bossuet. — Ed. LA BRUYERE. Caractères.

REBOUL (Jean). Poésies.

REBOULLEAU et BERTRAN. Peinture sur verre.

REBOUX. Blancs et noirs. — De qui est-ce? — Romulus Coucou.— Choucoune (*L. P. T.*, mars 1920). — Maison de danses. — Collab. MULLER. A la manière de.....

RECLUS (A.). Panama et Darien.

RECLUS (E.). Histoire d'un ruisseau. — La France (*Nouv. géogr. universelle*, t. II).

RECLUS (O.). Terre à vol d'oiseau.

RECOULY. Bataille de Foch.

REE. Nuremberg (*Villes d'art célèbres*).

REFUVEILLE. Progrès social.

REGAMEY. Japon pratique.

REGIMENTS (Historiques). 2ᵉ de zouaves. — 21ᵉ, 22ᵉ, 39ᵉ, 74ᵉ, 239ᵉ, 274ᵉ, 403ᵉ, de 1914 à 1918.

REGIONS DEVASTEES. Reconstitution.

REGLE logarithmique (*Broch. Roret.*).

REGLEMENT de police de Rouen (THUBEUF) et supplément.

REGNAL. Maurianne.

REGNARD. Théâtre.

REGNARD (A.). Histoire contemporaine de l'Angleterre.

REGNARD (P.) et PORTIER. Hygiène de la ferme.

REGNAULT (E.). Histoire de huit ans.

REGNAUD (Mᵐᵉ). Le Fada (*Rev. hebd.*, sept. 1919).

REGNIER (H. de). Vacances d'un jeune homme sage. — Peur de l'amour. — Premiers poèmes. — Poèmes. — Passé vivant. — Flambée. — Bon plaisir. — Mariage de minuit. — Romaine Mirmault. — Marceline (*R. D. M.*, mai 1919). — Divertissement provincial (*Rev. Paris*, fév. 1925). — Escapade (*Idem*, fév. 1926).

REGNIER (Mathurin). Œuvres. — Chefs-d'œuvre poét. (*Marot, Ronsard*, etc.), par LEMERCIER.

REGNIER (Paule). Vivante paix.

REGNIER (Ph.). Maison neuve (*Corresp.*, juill. 1909).

REGNIER (P.). Souvenirs de théâtre.

REGUIS. Electricité industrielle (*Ecol. sp. trav. publ.*). — Dérivées et fonctions primitives (*Idem*).

REGUIS (Léon). Lit de justice à Rouen par Charles IX.

REIBRACH. Aller et retour (*R. D. M.*, juin 1892). — Lendemains (*Idem*, nov. 1893).

REINACH (J.). Contre l'alcoolisme. — Mes comptes rendus. — Gambetta. — Front occidental.

REINACH (S.). Apollo. — Minerva. — Trad. LEA. Inquisition au moyen âge.

REISS. Austro-Hongrois en Serbie.

REMI (abbé). Jurisprudence (*Encycl, méth.*).

REMUSAT (Mme de). Mémoires.

REMUSAT (Ch. de). Bolingbroke (*R. D. M.*, août 1853). — Burke (*Idem*, janv. 1853).

REMUSAT (P. de). Ad. Thiers.

RENAN (Ary). Costume en France.

RENAN (E.). Dialogues philosophiques. — Marc Aurèle. — Nouvelles études d'histoire religieuse. — Vie de Jésus. — Souvenirs d'enfance. — Cahiers de jeunesse (*Revue*, avr. 1906). — Lettres à la princesse Julie Bonaparte (*R. D. M.*, juin 1924).

RENARD. Nouvelle ortographe.

RENARD (G.). L'homme est-il libre? — Régime socialiste.

RENARD (J.). L'écornifleur. — Histoires naturelles. — Poil de Carotte. — Journal intime (*Rev. France*, août 1925).

RENARD (L.). Les phares.

RENARD (Cdt). Aéronautique.

RENARD (M.-Ch.). Contes du pays normand.

RENAUD (Armand). Nuits persanes. — Pensées tristes.

RENAUD (Alph.). Histoire des arts et des sciences.

RENAUD (J.). Tranchée rouge.

RENAUDE (J.). Culture du pommier.

RENAUDIN. L'oasis (*Corresp.*, fév. 1905). — Collab. LYON-CAEN. Droit commercial.

RENAULT (L.). Guerre et droit des gens. (*Pag. d'histoire*, 7e série).

RENEAULT (abbé). Eglise Saint-Patrice. — Ursulines de Rouen. — Une fille de Pierre Corneille. — Sœurs de la Compasion.

RENGADE (D^r). Voyage sous les flots.

RENOULT (Camy). Côte de Grâce.

RENOUVIER. Philosophie ancienne. — Manuel de l'homme et du citoyen.

RENOUVIN et APPUHN. Introduction aux tableaux d'histoire de Guillaume II.

RENTREE solennelle des troupes [à Rouen]. août 1919.

RESCLAUZE DE BERMON. Demi-mère. — Sillon. — Comte de Pérazan.

RETIF DE LA BRETONNE. Le village (*Coll. F. Brentano*). — Nuits révolutionnaires (*Idem*).

RETRAITES OUVRIERES. Voir REVUES.

RETZ (cardinal de). Mémoires.

REUILLARD. Grasse Normandie.

REVEL (J.). Ascension. — Au pays d'oïl. — Chez nos ancêtres. — Contes normands. — Dialogues des vivants. — Fin d'une âme. — Hôtes de l'estuaire. — Limailles et copeaux. — Multiple vie. — Rustres. — Roumoisane. — Terriens. — Testament d'un moderne. — Un cérébral. — Pro amicis. — Short stories of J. Revel. By DUHAMEL. — Faits et dicts normauds. — Panégyrique de la Normandie.

REVILLON. Monsieur Jouvencel. — Exilé.

REVOIL. Chasses enfantiues.

REVON. Anthologie japonaise.

REVUES. Contemporaine. 1901-02. — des Deux-Mondes. 1850 à 1906. 1911 et suiv. — Economique de l'Ouest. 1920 et suiv. — du Foyer. 1911-1914. — de France. 1924 et suiv. — hebdomadaire, 1912 et suiv. — historique, 1876 à 1920. — de Paris, 1924 et suiv. — La Revue. puis Revue mondiale, 1906 à 1922. — des Assurances sociales, 1920. — de la Prévoyance et des Retraites ouvrières. 1914.

REY (Abel). Philosophie moderne. — Leçons de philosophie.

REY (Et.). Sous la lumière rouge, 3 actes.

REYBAUD (Ch.). Dernière bohémienne (*R. D. M.*, juin 1853).

REYBAUD. Fer et houille. — Jérôme Paturot. — Vie de corsaire.

REYMOND. (M.). Verrocchio (*Maîtres de l'art*). — Le Bernin (*Idem*).

REYMONT (L.). Automne. — Hiver. — Printemps. — Loli (*R. D. M.*, juin 1926).

REYNALD (H.). Histoire de l'Espagne.

REYNAUD (baron). Algèbre.

REYNAUD (Ch.). Epîtres, contes.

REYNIER (Mlle). Mademoiselle Montet (*Rev. hebd.*, avr. 1919).

RHAISS (E.). Mariage de Hanifa (*R. D. M.*, sept. 1925). — Noblesse arabe (*Idem*, nov. 1919). — Les juifs.

RHODA BROUGHTON. Voir BROUGHTON.

RIALLE. Peuples d'Afrique et d'Amérique.

RIANT (A.). Hygiène scolaire. — Surmenage intellectuel.

RIAT. Art des jardins.

RIBARD (D^r). Tuberculose est curable.

RIBOT (Al.). Réforme de l'enseignement secondaire. — Souvenirs de la vie politique (*R. D. M.*, déc. 1923).

RIBOT (Th.). Idées générales. — Imagination créatrice. — Psychologie des sentiments. — Maladies de la volonté. — Maladies de la personnalité.

RIBOULET (L.-M.). Eliette.

RICARD (L.). Accidents du travail.

RICCI. Italie du Nord (*Ars Una*).

RICH. Antiquités romaines et grecques.

RICHARD (A.). Cheval de service et de guerre.

RICHARD (Cdt). Nos drapeaux en 1870-71.

RICHARD (Ch.). Origine et fin des mondes.

RICHE (D.). Age du fard.

RICHELIEU. Mémoires (*Bibl. des Mém.*, t. XVI et XVII).

RICHEPIN (J.). Beffa (*Illustr. théâtr.*, 1910). — Blasphèmes. — Braves gens. — César Borgia. — Flamboche. — La glu. — Martyre. — Miarka. — Monsieur Scapin. — Madame André. — Paradis. — Nana-Sahib. — Par le glaive. — Le pavé. — Théâtre chimérique. — Truands. — Souvenirs des funambules (*Conf. L. P. T.*).

RICHEPIN (Jac.). Minaret (*Monde ill.*, 1913). — Collab. CARCO. Chercheurs (*Conf. L.P.T.*, mars 1923).

RICHER (D^r). Anatomie artistique.

RICHET. Guerres et paix. — Le savant.

RIEMANN et GOELZER. Grammaire grecque.

RIETSCH. Conducteur typographe.

RIFFAULT. TOUSSAINT et VERGNAUD. Peintre en bâtiments.

RIGNANO. Mémoire biologique.

RIMBAUD. Ed. GRASSET. Le tabès.

RINN (C.) et DELFOUR (F.). Tite-Live (extraits).

RIO. Petite chouannerie.

RIOTOR. Mère du héros.

RIOU. Journal d'un simple soldat.

RIOUFFE. Mémoires (*Bibl. des Mém.*, t. IX).

RIPERT. Ovide (*Rev. hebd.*, sept. 1920). — Or des ruines (*Idem*, mars 1913).

RIS-PAQUOT. Collectionneur de timbres. — Art de restaurer faïences, porcelaines. — Dictionnaire des poinçons.

RIVET (Ch.). Dernier Romanof.

RIVIERE (Cap.). Coll. MALGLAIVE. Annam et Laos (*Mission Pavie*, t. IV).

RIVIERE (H.). Mlle d'Avremont (*R. D. M.*, nov. 1867). — Marquise de Ferlon (*R. D. M.*, mars 1880).

RIVIERE, HELIE et PONT. Code civil. — De commerce. — Sur le code de commerce.

RIVOIRE et BESNARD. Mon ami Teddy (*Illustr. théâtr.*, 1910).

RIVOLLET. Jérusalem (*Illustr. théâtr.*, 1914).

ROBERJOT. Electricité industrielle. — Collab. FERU. Travaux pratiques d'électricité.

ROBERT et MASSON DE MOVILLIERS. Géographie moderne et atlas (*Encycl. méth.*, t. XL à XLII).

ROBERT (Ad.). Collab. ROBINET et LE CAPLAIN. Dictionnaire de la Révolution et de l'Empire.

ROBERT (Cl.). Nuits de la forêt. — Mariage forcé.

ROBERT (H.). Grands procès de l'Histoire. — Avocat.

ROBERT (Karl). Fusain sans maître.

ROBERT (L.-P.). Berlioz. — Flaubert, Bouilhet, Maupassant. — Mouvement littéraire (*Assises Caumont*, 1923).

ROBERT (L. de). Femme reprise. — Réussir. — Un tendre. — Envers d'une courtisane. — Silvestre et Monique. — Lettres de Proust (*Rev France*, janv. 1925).

ROBERTSON. Histoire de l'Amérique.

ROBESPIERRE. Choix de discours (*Orat. de la Révol.*).

ROBIDA. Vie électrique (*Lect.*, XXIII). — Frédéric Ponto (*Lect.*, VII, 1889).

ROBINET. Philosophie positive. — Auguste Comte. — Collab. ROBERT et LE CAPLAIN. Dictionnaire de la Révolution française.

ROBINSON. Industries minérales du Canada.

ROBISCHUNG. Mémoires d'un guide.

ROCHE (J.). Allemagne et France.

ROCHE (L.). Epopée française.

ROCHEBRUNE. La croisade de l'A. R. C.

ROCHEFORT. Evadé. — Grande Bohême. — Mademoiselle Bismarck.

ROCHELLE et TAMINDJITCH. Le francoserbe.

ROCQUIGNY (de). Syndicats agricoles).

ROD. Idées morales du temps présent. — Stendhal. — Gœthe. — Inutile effort. — Glaive et bandeau. — Roches blanches. — Seconde vie de Michel Teissier. — Mademoiselle Annette. — Ménage du pasteur Naudié. — Dernière idylle (*Lect.*, XVIII). — Sacrifiée (*Idem*, XXVI). — Silence (*Lect.*, XXX). — Sens de la vie.

RODENBACH. Bruges-la-Morte. — Carillonneur. — *Idem* (*Lect.*, XXV). — Musée de béguines.

RODOCANACHI. Etudes historiques.

RODRIGUES. Pourquoi les Américains sont venus (84 p.).

ROESSLER. Sténographie verbale.

ROGER (G.-H.). Etude de la médecine, 1905.

ROGER et GODON. Code de chirurgie.

ROGER (Noelle). Nouveau déluge. — J.-J. Rousseau et Mme de Warrens (*R. D. M.*, oct. 1924). — Livre qui fait mourir (*Rev. Paris*, avril 1926.)

ROGER-MILES. Bijouterie.

ROGRON. Code civil expliqué.

ROHAULT DE FLEURY. Evangile, — Sainte-Vierge.

ROLAND (La chanson de).

ROLAND (Mme). Mémoires (*Bibl. des Mém.*, t. VIII).

ROLLAND (Ch.). Maison d'Autriche.

ROLLAND (R.). Musiciens d'aujourd'hui. — D'autrefois. — Michel-Ange (*Maîtres de l'art*). — Jean Christophe. — Ame enchantée. — Mahatma Gandy, 1924). — Beethoven.

ROLLINAT. Lettres (*La Revue*, 15 juill. 1912).

ROMAIN (A.). et BERTRAN. Peinture sur verre. — Fraisage. — Chauffage.

ROMAINS (J.). Mort de quelqu'un. — Knock, 3 actes (*Cahiers dramat.*).

ROMAN de Renart. — de la Rose.

ROMANES. Intelligence des animaux.

ROMIER. Explication de notre temps. — Royaume de Catherine de Médicis. — Homme blessé, roman. — Notion et civilisation.

ROMME (D^r). Alcoolisme.

RONSARD. Poèmes. — Marot, Ronsard, du Bellay d'Aubigné, Régnier. Chefs-d'œuvre (A.-P. LEMERCIER). — Chefs-d'œuvre lyriques (A. DORCHAIN).

ROOSEVELT (Th). Vie intense.

ROQUEPLAN (Nestor). Parisine.

RORET (Manuels). Eleveur de chèvres. — Poules. — Pigeons. — Lapins. — Ajusteur. — Colles. — Construction moderne. — Dessin linéaire. — Encres. — Fondeur. — Maître de forges. — Horloger. — Jeux de cartes. — Limonadier. — Linoytpie. — Liquides. — Pêcheur. — Pêcheur-praticien. — Peintre en bâtiments. — En voitures. — Peinture des métaux et bois. — Sur verre. — Tours de cartes. — Tapissier. — Teneur de livres. — Horticulture. — Fraisier. — Boulanger. — Cadres. — Cartonnier. — Charpentier. — Chaudières à vapeur. — Chaudronnier. — Coupe des pierres. — Dorure, argenture. — Distillation. — Feuillagiste. — Galvanoplastie. — Horloger-rhabilleur. — Mouleur. — Préparateur. — Parfumeur. — Relieur. — Sapeur-Pompier. — Sculpture sur bois et découpage. — Serrurier. — Sommelier. — Typographie.

ROSALIE (tante). Cuisine.

ROSELEUR (Alfred). Doreur, argenteur, 1884.

ROSEMEIER. Cri du cœur d'un Allemand (12 p.).

ROSE (F. Horace). Golden Glory.

ROSENBERG (E.). et MAUDUIT (A.). Electricité industrielle.

ROSENTHAL (Léon). Géricault (*Maîtres de l'art*). — Louis David (*Idem*).

ROSNER (Karl). Der Koenig.

ROSNY (J.H.). Amoureuse aventure. — Autre femme. — Bilatéral. — Dans les rues. — Eyrimah. — Fauve. — Félin géant. — Guerre du feu. — Impérieuse bonté. — Indompté. — Mimi, les profiteurs et le poilu. — Sous le fardeau. — Termite. — Testament volé. — Vamireh. — Contre le sort (*La Revue*, nov. 1906). — Claire Técel (*Rev. de Paris*, avril 1925).

ROSS (capitaine). Voyage au Pôle Nord (*Voyages autour du monde*, t. XII).

ROSSET. Essais et analyses. — Collab. NOEL (P.). Pommier et cidre.

ROSSIGNEUX. Trad. LOMBROSO. Hypnotisme.

ROSSIGNOL. Lettres d'un mauvais jeune homme.

ROSSINI. Comte Ory, opéra.

ROSTAND (Ed.). Aiglon. — Cyrano de Bergerac. — Romanesques. — Princesse lointaine. — Chantecler. — Samaritaine. — Vol de la Marseillaise. — Musardises.

ROSTAND (M.). Cercueil de cristal.

ROSTAND (Jean). Deux angoisses.

ROTHAM. Affaire du Luxembourg, 1882.

ROTROU. Saint-Genest. Venceslas, suivi de LAFOSSE. Manlius Capitolinus. — CRE-BILLON. Rhadamiste et Zénobie. — POMPIGNAN (de). Didon. — SAURIN. Spartacus. — BELLOY. Siège de Calais. — LA HARPE. Philoctète. Coriolan.

ROTTECK (K.) et KISTER (G.). Dictionnaire allemand-français et français-allemand.

ROUCH (J.). Pour comprendre la mer. — Atmosphère et prévision du temps.

ROUEHER. Morceaux choisis (*Petits poètes du XVIII° s.*).

ROUEN qui rit. 1920 à 1923.

ROUEN. Règlement de police. — Délibérations municipales 1389-1874 (Voir de BEAU-REPAIRE). — Bulletin municipal. 1896 et ss. — Notices sur la Ville de Rouen, par Vivenot, Lefort, Adeline, etc. — Rouen et ses environs. — Ville musée. — You chould visit Rouen.

ROUGE. Nationalisme des socialistes allemands (8 p.).

ROUGER. Roman d'Antar.

ROUGET. Voyage autour de la terre.

ROUGIER. Trad. ENRIQUES. Concepts fondamentaux de la science.

ROUJON (H.). Disgrâce de Joachim Lebreton (*Confér. L. P. T.*).

ROUJOUX. Angleterre et ses possessions dans les Indes.

ROULAGE (Police du). Code de la route (*Journ. off.*, janv. 1923).

ROULE (Dr). Embryologie générale.

ROULE des Plès, 1355-56, par L. VALIN.

ROULE. Poissons migrateurs. — Pisciculture et pêches.

ROUQUETTE. Ile d'enfer. — Grand silence blanc.

ROUSIERS (de). Syndicats de producteurs. — Concentration dans la navigation maritime (voir FONTAINE). — Trade-Unionisme en Angleterre.

ROUSSE. Avocats et magistrats. — Mirabeau.

ROUSSEAU (J.-B.). Œuvres.

ROUSSEAU (Mme). Fleurs et plantes d'appartements.

ROUSSEAU (J.-J.). Œuvres complètes.

ROUSSELIN. Notes sur Graville.

ROUSSET. Collab. CHAPLET. Recettes de la campagne.

ROUSSET (lieut.-col.). Guerre 1870-71.

ROUSTAN (L.). Anthologie.

ROUSTAN (M.). Littérature française par la dissertation. — Composition française. Les genres.

ROUVRE (de). Française du Rhin.

ROUX (Al.). Le château d'Anet.

ROUX (G.). Coll. HOSPITALIER. Formulaire de l'électricien.

ROY (J.). L'an mille.

ROY (M.). Thérapeutique de la douche.

ROY (J.-J.-E.). Français en Espagne. — Un Français en Chine.

ROYER (Cl.). Histoire du ciel.

ROZ. Energie américaine. — Amérique nouvelle. — Collab. BERGSON. Matérialisme actuel.

ROZAN (Charles). Animaux dans les proverbes. — Végétaux dans les proverbes. — Ignorances de la conversation.

RUBIGNY (F.). Filature.

RUCHE (de la). Langue espagnole.

RUDAUX. Comment étudier les astres.

RUFFIN et TUDESQ (A.). Camarade Tommy.

RUFUS (Sextus). Victoires du peuple romain (*Coll. Nisard*), à la suite de SUETONE.

RUGGIERI. Du Transvaal à l'Alaska.

RUSINOL. Catalan de la Manche.

RUSKIN. Pierres de Venise. — Matins à Florence. — Architecture et peinture.

RUSSEL. Problèmes de la philosophie.

S

S. R. Chronologie de la guerre (*Pag. d'hist*, 160).

SAGERET. Vague mystique.

SAGNAC (P.). Louis XIV t. VIII (2), *Hist. Lavisse*). — Louis XVI (t. IX (1), *Idem*). — Révolution (t. I, *Hist. contemp. Lavisse*).

SAGNIER (Mlle). Institutrice.

SAILLY (de). Général de Sailly.

SAINEAN (L.). Argot des tranchées.

SAINT-AYMOUR. V. CAIX DE SAINT-AYMOUR.

SAINT-EVREMOND. Les plus belles pages. — Voir VAN ROOSBROECK. Comédie des Académistes.

SAINT-GERMAIN (H. de). et ADENIS (J.). Jolie fille de Perth. Opéra.

SAINT-GEORGES. Courses de chevaux.

SAINT-GEORGES DE BOUHELIER. Carnaval des enfants (*Monde ill.*, 1910).

SAINT-JUST. Choix de discours (*Orateurs de la Révolution*).

SAINT-LAMBERT. Morceaux choisis (*petits poètes du XVIII° s.*).

SAINT-LEGER (de). Louis XIV (T. VIII (2), *Hist. de Lavisse*).

SAINT-MARC-GIRARDIN. Littérature dramatique. — Mirabeau (*R. D. M.*, août 1851).— J.-J. Rousseau (*Idem*, janv. 1852).

SAINT-MAURICE (de). Russie inconnue.

SAINT-MAURICE (R.). Recordman (*Illustr.*, 1898). — Taureau borgne. — Derniers jours de saint Pierre (*Illustr.*, 1903).

SAINT-MOR (de). Paris sur scène.

SAINT-PIERRE (B. de). Etudes de la nature. Arcadie (avec MORUS). — Voyage à l'Ile d'Utopie. — Paul et Virginie.

SAINT-SAENS. Harmonie et mélodie.

SAINT-SIMON. Extraits des mémoires (*Bibl. des Mém.*, t. I). — Mémoires, extraits A. PARMENTIER. — Cour de Louis XIV.

SAINT-VALERY (de). Scrupule de Mahmadou (*Rev. hebd.*, nov. 1919).

SAINT-VICTOR, SAULO et STAHL. Fabricant de cadres.

SAINT-VICTOR (de). Espagne.

SAINTYVES (P.). Légende de Faust.

SAINT-YVES (J.). La route s'achève.

SAINTE-AULAIRE (de). Souvenirs (*Rev. Paris*, déc. 1926). — Affaires de Rome (*Idem*, mai 1925).

SAINTE-BEUVE (C.-A.). Causeries du lundi. — Nouveaux lundis. — Port-Royal. — Confession. Ed. NICOLARDOT. — Ed. André CHENIER. Etude sur Chénier. —

— Lettres inédites (*La Revue*, déc. 1911).
— Mes cahiers (*R. D. M.*, déc. 1925).
SAINTINE. Métamorphoses de la femme. — Picciola.
SALADIN (E.). Filature du coton. — Tissage mécanique, 1883.
SALINIS (de). Marins et missionnaires.
SALLES. Les amours de Pierre et de Léa.
SALLUSTE. Œuvres complètes (*Collect. Nisard*).
SALMIGONDIS. Contes de toutes les couleurs.
SALMON. Natchalo, 3 actes (*Illustr. th.*).
SAMAIN. Jardin de l'infante. — Flancs du vase.
SAMAZEUILH (F.). Banques privées (voir A. FONTAINE).
SAMY. Fiancée du docteur.
SAND. Comtesse de Rudolstadt. — Meunier d'Angibault. — Narcisse. — César Dietrich. — /Mauprat. — Teverino. — Simon. — Valvèdre. — Lettres d'un voyageur. — Marquis de Villemer. — Mare au diable. — Compagnon du tour de France. — Amours de l'âge d'or. — André. La marquise. Lavinia. Metella. — Autour de la table. — Beaux messieurs de Bois-Doré. — Cadio. — Château de Pictordu. La reine Coax. — Château des Désertes. Isidora. — *Idem* (*R. D. M.*, fév. 1851). — Constance Verrier. — Confession d'une jeune fille. — Consuelo. — La coupe. Lupo Liverani. Le toast. — Dames vertes. — Dernière Aldini. Les Maîtres mosaïstes. — Dernières pages. — Deux frères. — Diable aux champs. — Elle et lui. — Famille de Germandre. — Flamarande. — Filleule. — Flavie. — Francia. Un bienfait n'est jamais perdu. — François le Champi. — Histoire de ma vie. — Hiver à Majorque. — Spiridion. — Horace. — Homme de neige. — Impressions et souvenirs. — Indiana. — Jacques. — Jean de La Roche. — Jean Zyska. Gabriel. — Jeanne. — Journal de Piffoël (*Rev. Paris*, mai 1926). — Laura. Voyages et impressions. — Légendes rustiques. Fanchette. — Lélia. Spiridion. — Lettres d'un voyageur. — Mademoiselle la Quintinie. — Mademoiselle Merquem. — Margré tout. — Ma sœur Jeanne. — Monsieur Sylvestre. — Mont Revêche. — Pauline. — Petite Fadette. — Péché de M. Antoine. — Piccinino. — Pierre qui roule. — Promenade autour du village. — Secrétaire intime. Mattea. — Simon. L'Uscoque. — Tamaris. — Taverino. Lucrecia Floriani. — Théâtre. — La tour de Percemont. Marianne. — Valentine. — La ville noire. — Maîtres sonneurs. — Premier amant. — Pendant la guerre, 1871. — Confessions d'une jeune fille. — Roman d'Aurore Dudevant et d'Aurélien de Sèze (*R. D. M.*, avr. 1926). — Cahiers d'Aurore Dudevant (*R. D. M.*, nov. 1924).
SAND (M.). Raoul de La Chastre.
SANDEAU. Catherine. — Dernier amour. — Docteur Herbeau. — Fernand, Vaillance, Richard. — Mademoiselle de la Seiglière. — Madeleine. — Madame de Sommerville. — Mariana. — Maison de Penarvan. — *Idem* (*R. D. M.*, sept. 1857). Nouvelles. — Sacs et parchemins. — Début dans la magistrature. — Héritage. — Valcreuse. — Roche aux mouettes.
SANDERSON. Anglais. — Allemand. — Langue espagnole.

SANDRE. Purgatoire. — Chèvrefeuille.
SANDY. Ronde des faunes. — Llivia (*Rev. hebd.*, janv. 1926). — Vieux nids (*Idem*, juin 1923).
SANSON. Principaux faits de la chimie.
SANTA-ANNA NERY. Brésil en 1889.
SAPEUR-POMPIER (Manuel du).
SAPORTA et MARION. Règne végétal.
SARCEY. Siège de Paris.
SARDOU. — Famille Benoiton. — Patrie. — — Séraphine. — Ganaches. — Nos bons villageois. — Nos intimes. — Pattes de mouche. — Vieux-garçons. — Divorçons. — Sorcière. — Théodora, Fédora (*Illustr. théâtr.*). — Robespierre (*Rev. France*, juin 1924).
SARRAUTON. Génie de l'Aidour (*Illustr.*, 1910).
SARREPONT. Chansons militaires.
SARTORI (G.). et MONTPELLIER. Courants alternatifs.
SARTORY (A.). et LANGLOIS. Microbes.
SAULO (J.). et SAINT-VICTOR. Fabricant de cadres.
SAUNIERE. Un gendre à tout prix.
SAURIN. Spartacus (suite de ROTROU).
SAUSSURE (de). Linguistique générale.
SAUVAGE (E.). Machine à vapeur. — Locomotive.
SAUVAGE (A.). Eglise de Caudebec-en-Caux.
SAUVAGE (abbé). Chronique du froid en Normandie (110 p.).
SAUVEZ, WICART et LEMERLE. Anatomie et physiologie de la bouche et des dents.
SAUZAY. La verrerie.
SAVIGNON. Filles de la pluie. — Une femme dans chaque port.
SAVIGNY (de). Amusements de la science.
SAVILLE. Argentine moderne par W.-H. Koebel (Voir FOSTER).
SAVOIE (A.). Eternel mari, 4 actes (*Monde ill.*, 1912).
SAVOYE (L.), Etudes sur le pays de Caux.
SAY. Dictionnaire d'économie politique. — Turgot.
SAYNETES et monologues.
SAYOUS (E.). Révolutions d'Angleterre.
SAYOUS (A.). Le mouvement de concentration dans le commerce de détail, voir FONTAINE.
SAZERAC DE FORGE. L'homme s'envole. — Conquête de l'air.
SCARRON. Roman comique.
SCHATZ. Individualisme économique.
SCHEFER (Mme). Méthode de coupe.
SCHEURER-KESTNER. Souvenirs de jeunesse (*La Revue*, janv. 1905).
SCHILLER. Théâtre.
SCHIRMER. Ménétrier de la République.
SCHLOESING (Th.). Le « 75 » (*Pages d'hist.*, 2e sér.).
SCHMID (chan.). Contes.
SCHMIDT (Ch. Eug.). Cordoue et Grenade (*Villes d'art*). — Séville (*Idem*).
SCHMIDT (O.). Descendance et Darwinisme.
SCHNEEGANS (V.). La comédie latine.
SCHNEIDER. Dieu d'argile, 4 actes (*Coll. France dram.*). — Eléonora Duse.
SCHOLL. Fruits défendus.
SCHOPENHAUER. Sur la religion. — Sur le libre arbitre. — Fondement de la morale. — Pensées et fragments, trad. J. BOURDEAU, 1907. — Ecrivains et style.
SCHULZ. Pour le service.
SCHUMACHER. Journal (*Coll. F. Brentano*).

SCHURE. Grands initiés. — Grandes légendes de France. — Merlin l'enchanteur. — Mystère de l'Inde (*R. D. M.*, janv. 1911). — Miracle hellénique (*Idem*, fév. 1912).

SCHWEINFURTH. Au cœur de l'Afrique.

SCHWEITZER. Collab. CAZAMIAN. English reader. — Collab. SIMONNOT. Deutsches Lerebuch.

SCIENCE ET VIE. 1920-1924.

SCIENCE FRANÇAISE [à] l'Exposition de San-Francisco (Notices par L. POINCARE, BERGSON, DURKHEIM, APPELL, etc.

SCIENCES MATHÉMATIQUES du baccal. ès lettres.

SCOTT. Antiquaire. — Romans poétiques. — Waverley. — Guy Mannering. — Rob-Roy. — Puritains d'Ecosse. — Prison d'Edinbourg. — Nain. — Ivanhoe. — Monastère. — Abbé. — Kenilworth. — Pirate. — Aventures de Nigel. — Peveril du Pic. — — Quentin Durward. — Eaux de Saint-Romain. — Redgauntlet. — Fiancés. — Richard en Palestine. — Woodstock. — Chroniques de la Canongate. — Jolie fille de Perth. — Robert, comte de Paris. — — Château périlleux. — The bride of Lammermoor. — Waverley.

SCRIBE. Zanetta. Opéra à la Cour. Guitarrera. Diamants de la couronne.

SEAILLES. Affirmations de la conscience moderne. — Education ou révolution. — Paix de la France avec elle-même (12 p.). — Paix juste (12 p.). Paix blanche (24 p.). — Collab. JANET (P.). Histoire de la philosophie.

SEBILLOT. Contes des Landes.

SECCHI. Etoiles et comètes.

SECHAN (Ch.). Souvenirs de théâtre.

SECHE (H.). Histoire de Jésus.

SECHE (L.). Plus jolis vers de l'année. — Amies d'Alfr. de Musset (*La Revue*, nov. 1906).

SECOND. Jeunesse dorée. — Misères d'un prix de Rome.

SEDDIK BEN EL-OUTA. Meslem (*Illustr.*, 1898-99).

SEDIR. Sept jardins mystiques, 2ᵉ édit. 1922. — Amitiés spirituelles (années 1919 et ss.). — Vraie religion (27 p.). — Vrai chemin vers Dieu (34 p.). — Energie ascétique (42 p.). — Evangile et le problème du savoir (28 p.). — Sur le cantique des cantiques (56 p.). — Martyre de la Pologne (46 p.). — Guerre de 1914. — Initiations. — Sermon sur la montagne, 1921. — — Forces mystiques. — Méditations pour chaque semaine, 1925.

SEE. Irrégulière, 4 actes (*Monde ill.*, 1913). — Lettre anonyme. — Imprudence (*Rev. France*, sept. 1926).

SEEGER. Grands bailliages établis en 1788 en Normandie.

SEGOND (J.). Imagination, étude critique.

SEGRAVE. Marmone.

SEGUR. Collab. DUMERSAN. Chansons de France.

SEGUR (Mis de). Duel et la mort de Pouchkine (*Conférence L. P. T.*). — Jeunesse de Madame de la Pouplinière (*R. D. M.*, janv. 1917).

SEGUR (comte de). Un aide de camp de Napoléon. — Monseigneur de Ségur. — Mémoires (*Bibl. des Mémoires*, t. XIX et XX).

SEGUR (Cᵐˢᵉ de). Mémoires d'un âne. — Auberge de l'ange gardien. — Général Dourakine. — Pauvre Blaise. — Nouveaux contes de fées. — Un bon petit diable. — Après la pluie, le beau temps. — Bons enfants. — Fortune de Gaspard. — François le Bossu. — Mauvais génie. — Petites filles modèles. — Vacances.

SEIGNOBOS. Civilisation dans l'antiquité. — Europe contemporaine. — 1815-1915. — Collab. METIN. Histoire moderne. — Contemporaine. — Collab. LANGLOIS. Etudes historiques.

SEILHAC (de). Marins pêcheurs.

SELBERT (G.). Interprète militaire de l'armée anglaise.

SELECTAE e profanis scriptor. histor.

SEMAINE des enfants, 1859, 1863.

SENEQUE. Pensées. — Œuvres complètes (*Collection Nisard*).

SENSEVER et PERALDA. Guide d'aviation.

SEPET. Jeanne d'Arc. — Drame chrétien au moyen âge.

SEPTFONTAINES. Dictionnaire des forêts (*Encycl. méthod.*, t. VII).

SERAO. Conquête de Rome. — Adieu amour.

SERBESCO. Roumanie et la guerre, 1918.

SERIEUX et MATHIEU. Alcool.

SERIS (H.-H.). Provinces du Brésil.

SERRE (E.). Accidents du travail. — Teinture du coton.

SERRES et COUSIN. Chimie dentaire.

SERRURIER. Roman de Jeanne (*Corresp.*, janv. 1890).

SERVAN (E.). Exemple américain.

SERVAN DE SUGNY. Satires contemporaines.

SERVIN. Histoire de Rouen.

SESBOUE (E.). Langue italienne.

SEVESTRE. Archives municipales et judiciaires de Normandie pendant l'époque révolutionnaire. — Problèmes religieux de la Révolution et de l'Empire.

SEVESTRE. Lequel des deux ? (*L. P. T.*, avr. 1918).

SEVIGNE (Mᵐᵉ de). Lettres.

SEVRES. Le jubilé de l'école normale.

SEYLOR. Les maritimes.

SHAKESPEARE. Œuvres complètes. — Dramatic works.

SHAW. Sainte Jeanne. — Disciple du diable.

SIDGWICK (Mrs). Salt and savour.

SIENKIEWICZ. Quo Vadis. — Sans dogme. — Chevaliers teutoniques. — Chevaliers de la Croix.

SIGAUX (J.) et BRIEUX. Déserteuse, 4 actes.

SIGNAUX. Du berceau à la tombe.

SILBERMANN. Souvenirs de campagne.

SILVA (de). Livre de Maurice.

SILVESTRE (A.). La Russie. — Grisélidis.

SIMON (Ch.), édit. GARCET (H.). Cosmographie.

SIMON (M.-P.). A la femme.

SIMON (G.). Victor Hugo et ses interprètes (*Rev. hebd.*, juin 1922).

SIMON (J.). Religion naturelle. — Ouvrière. — Femme du XXᵉ siècle. — Ecole. — Devoir. — Victor Cousin. — Mémoires des autres (*Lect.*, XII, 1890). — Un normalien de 1832 (*Idem*, XIII, 1890). — Nouveaux mémoires des autres (*Idem*, XVII, 1896).

SIMON (Dʳ), collab. BINET (A.). Enfants anormaux.

SIMONIN (L.). Merveilles du monde souterrain. — Or et argent.

SINCLAIR (M.). Un romanesque (*Rev. hebd.*, déc. 1921).

SINCLAIR (U.). Roman d'un roi de l'or.

SION. Paysans de la Normandie orientale.

SLATAPER. Le Corso.

SLIGO DE POTHONIER. Qu'est-ce que cela veut dire?

SLOUSCHZ (Nahum). Langue et littérature hébraïques (28 p.).

SMILES (Samuel). Self-help.

SMITH (W.). Dictionnaire de biographie ancienne. — Collection des voyages autour du monde.

SOCIETE DES ETUDES LOCALES, 1913-14, 1919 et suiv.

SOCIETE DES GENS DE LETTRES. En pique-nique.

SOCIETES INDUSTRIELLES DE FRANCE (Union des). Congrès, Rouen, 1922.

SOCIETE NORMANDE DE GEOGRAPHIE. Bulletin, 1879-1904.

SODDY (Fr.). Radium.

SOLTYKOFF. Voyages dans l'Inde.

SOMME (De la) à Verdun. Contes véridiques.

SONREL (L.). Fond de la mer.

SOPHOCLE. Théâtre.

SOREL (A.-E.). Pour l'enfant.

SOREL (A.). Essais d'histoire et de critique. — Nouveaux essais. — Littérature et histoire. — Lectures historiques. — Madame de Stael. — Montesquieu. — Europe et Révolution française. — Grande falaise.

SORIN. Italie depuis 1815.

SOTTEVILLE (Journal de). 1924 et suiv.

SOUBIES. Musique allemande. — Musique en Russie.

SOUCHON. Gribouille, 1 acte (Monde ill., 1912).

SOUDAN. Millions de Barnum.

SOULAVIE. Mémoires (Coll. F. Brentano).

SOULIE DE MORANT. Passion de Yang-Kwé-Fei, légendes.

SOULIE (Fr.). Lion amoureux (Lect., R. VI).

SOULIER (Alfred). Electricité. — Installations électriques.

SOUPEY. Contes d'Espagne.

SOURIAU. Louis XVI et la Révolution.

SOUS la Terreur. Voir ELLIOT.

SOUS LES OBUS. Contes véridiques.

SOUVENIRS de guerre d'un s.-off. allemand.

SOUVESTRE. Scènes de la vie intime. — Un philosophe sous les toits.

SPALIKOWSKI. Aux vents de mon pays.

SPENCER. Premiers principes. — De l'éducation. — Sociologie.

SPIELHAGEN. L'échéance.

SPINDLER (Ch.). Alsace pendant la guerre (R. D. M., avr. 1923).

SPINOZA. Œuvres. — Ethique.

SPORT pour la France (12 p.). — Sport de l'aviron.

SPULLER. Education de la démocratie. — Lamennais. — Royer-Collard.

STAAL-DELAUNAY (Mme de). Mémoires (Bibl. des Mém., t. I).

STAEL (Mme de). De l'Allemagne. — Corinne. — Delphine.

STAFFE (Mme). Cabinet de toilette. — Maîtresse de maison. — Traditions culinaires. — Correspondance. — Pour plaire et être aimée. — Femme dans la famille. — Pour augmenter son bien-être. — Hochets féminins. — Elégance du vêtement féminin.

STAHL, collab. LENORMAND (S.). Horloger. — Collab. SAULO. Fabricant de cadres.

STAHL (P.-J.). Sultan de Tanguik. — Chemin glissant. — Bonnes fortunes parisiennes. — Famille Chester. — Patins d'argent.

STALLO (J.-B.). Matière et physique.

STANLEY (M.-M.). Lettres. — Délivrance d'Emin Pacha. — Voyages de Livingstone (Lect., XIII).

STANLEY-JEVONS. Voir JEVONS.

STAPFER (Paul). Montaigne.

STAPPERS (A.). Dictionnaire d'étymologie.

STEED, BOUGLE et autres. Démocraties modernes.

STEIMER. Eugène Jacquet (16 p.).

STENDHAL. Chartreuse de Parme. — Rouge et noir. — Abbesse de Castro. — Armance. — De l'amour. — Mémoires d'un touriste. — Promenades dans Rome.

STENOGRAPHIE. Sténographie parlementaire (Méth. Duployé).

STERN (E.). Baptême du courage, 1916.

STERNE. Voyage sentimental (avec MILTON, Paradis perdu).

STEVENSON. Diable dans l'île (Rev. hebd., déc. 1919).

STOBART. Mémoires d'une infirmière (L.P.T., t. XXI).

STOKER. Dracula.

STOLZ (Mme). Deux reines. — Frères de l'air.

STOURM. Budget.

STOWE. Cabane de l'oncle Tom. — Uncle Tom's Cabin.

STRANNIK. Mages sans étoile.

STRINDBERG. Chambre rouge.

STROWSKI. Flèche d'or (Rev. hebd., déc. 1916).

STRYENSKI. Dix-huitième siècle (L'histoire de France F. Brentano).

STUART MILL. Auguste Comte.

STUERMER. Deux ans de guerre à Constantinople.

SUARD. Trad. ROBERTSON. Histoire de l'Amérique.

SUARD (Mme). Mémoires (Bibl. des Mém., t. XXXVII).

SUE. Juif errant, Arthur. — Mystères de Paris. — Atar-Gull (Lect. rétr., XVI).

SUESS. Face de la terre.

SUETONE. Douze Césars (Coll. Nisard).

SUNDRARG. La Suède.

SWANN. The Strait gate.

SWIFT. Voyages de Gulliver.

SYLVESTRE (V.), collab. GARNIER. Les moteurs électriques (Technique moderne, suppl. VI).

SYLVA (Carmen). Moïse et les Juifs (Revue, mai 1907).

SYNGE (J.-M.). Iles Aran.

T

TABLETTES chronologiques de la guerre (Larousse), 1914-1917.

TACITE. Extraits.

TAFT. Dans la lutte (Revue, nov. 1912).

TAINE. Intelligence. — La Fontaine. — Notes sur l'Angleterre. — Carnets de voyage. — Origines de la France contemporaine. — Voyage en Italie. — Thomas Graindorge.

TALBOT (E.). trad. PLUTARQUE. Vies.

TALLEMANT DES REAUX. Historiettes.

TALLEYRAND. Le duc de Choiseul (Corresp., janv. 1892).

TALMEYR. Nouvelle légende dorée (Corresp., juill. 1907).

TALON. La Marquesita.

TAMINDJITCH. collab. ROCHERLE. Le franco-serbe.

TANANARIVE, 1923. Foire commerciale.

TANANT (général). Plutarque n'a pas menti.

TANCOIGNE. De Constantinople à Smyrne (*Voyages autour du monde*, t. XI).

TARDIEU. Amérique en armes.

TARKINGTON (Booth). L'énigmatique Barbier (*L. P. T.*, XXI. — Les deux Vanrevel (*Corresp.*, août 1923).

TARIS. Russie et ses richesses.

TASSE (Le). Jérusalem délivrée.

TASTU (Mᵐᵉ). Poésies.

TAULIER. Deux petits Robinsons.

TAYLOR. Organisation des usines. — Organisation scientifique.

TAYLOR (K.). Débinons des binettes.

TCHAPEK. R. U. R., comédie (*Cahiers dramatiques*).

TCHENG-KI-TONG. Chinois peints par eux-mêmes.

TCHEKOV (A.). Ma femme. — Trois ans. — La steppe. — Demande en mariage (*Coll. France dramat.*).

TECHNIQUE MODERNE, 1908-1921.

TEMPLIERS (Dossier de l'affaire des), par G. LIZERAND.

TENOT. Paris en décembre 1851.

TERAMOND. Mystérieux inconnu. — Miracle du professeur Wolmar.

TERENCE. Comédies. Extr. p. FABIA.

TERRIER (A.), collab. DUBOIS. Expansion coloniale.

TERRIER (F.), éd. JAMAIN. Petite chirurgie.

TESTAMENT (Nouveau). Voir BIBLE.

TESTE. Rome et Italie. — Espagne contemporaine.

TESTIS. Œuvre de la France au Levant (Syrie et Cilicie) (*R. D. M.*, 1921).

TEXIER et DUTHEIL. Mécanique générale.

THACKERAY. Foire aux vanités.

THARAUD (J.-J.). L'an prochain à Jérusalem. — Dingley. — Foire de Rabat (*R. D. M.*, oct. 1917). — Front de l'Atlas (*Idem*, avr. 1919). — Maîtresse servante. — Marrakech. — Ombre de la croix. — Quand Israël est roi. — Rabat. — Randonnée de Samba Diouf. — *Idem* (*R. D. M.*, fév. 1922). — Tragédie de Ravaillac. — Royaume de Dieu (*Idem*, mai 1920). — Une relève (*Idem*, nov. 1918). — Peuple d'Israël (*Conferencia*, sept. 1926). — Notre cher Péguy.

THAREL (A.), collab. LAMY. Dictionnaire de l'industrie.

THEATRE DE CAMPAGNE. [Pièces et saynètes.]

THELLIER DE PONCHEVILLE. Bagne allemand dans le nord de la France (8 p.).

THEDENAT. Pompéi (*Villes d'art*).

THEMOIN et SMITH. English lessons. — Deutsche lektionen. — Cours de français. — Lecciones de Espanol.

THERIVE (André). Le français langue morte? — Collab. BOULENGER (J.). Les soirées du Grammaire-Club.

THEURIET. Affaire Froideville. — Hélène. — Amour d'automne. — Amours d'Estève. — Bois fleuri. — Chanoinesse. — Chanteraine. — Charme dangereux. — Cœurs meurtris. — Frida. — Histoires galantes. — Lys sauvage. — Maison des Deux Barbeaux. — Le sang des Finoël. — Marianne (*Illustr.*, 1896-97). — Mon oncle Flo. — Oncle Scipion. — Petite dernière. — Refuge. — Sauvageonne. — Sœur de lait. — Sous bois. — Villa tranquille. — Mademoiselle

Guignon. — *Idem* (*R. D. M.*, nov. 1873). — Jeunes et vieilles barbes.

THEVENIN et LEGENDRE. Comment économiser le chauffage.

THIBAUDEAU. Typographie moderne. — Lettre d'imprimerie. — Fonderie typographique. — Fonderies Deberny et Peignot.

THIBAUDET. Flaubert (*Rev. hebd.*, déc. 1921).

THIEBAULT. Séjour à Berlin (*Bibl. des Mém.*, t. XXIII-XXIV).

THIERRY (A.). Conquête de l'Angleterre. — Tiers Etat. — Lettres sur l'histoire de France. — Temps mérovingiens. — Augustin Thierry d'après sa correspondance (*R. D. M.*, oct. 1921).

THIERRY (G.-A.). Fresque de Pompéi.

THIERS. Consulat et Empire. Révolution française. Révolution [1848].

THOMAS, collab. HATZFELD et DARMESTETER. Dictionnaire de la langue française.

THOMAS (P.-F.). Philosophie scientifique.

THOMAS (J.), collab. RENOUVIER. Manuel de l'homme et du citoyen.

THOMAS (V.). Peintre en voitures. — Teinture moderne.

THOMSON. Retraite de Serbie.

THOMPSON (C.-B.). Système Taylor.

THOMSON (J.-J.). Théorie atomique.

THOMSON (S.-P.). Calcul intégral.

THOREAU (H.-D.). Walden. — Désobéir.

THOU art the man.

THOUVENIN (M.). Ferblantier, plombier.

THUBEUF. Publ. Règlement de police de Rouen.

THUILLIER (abbé). Roses-France.

THUREAU-DANGIN. Monarchie de Juillet.

TIERSOT. Un demi-siècle de musique française. — Fêtes et chants de la Révolution.

TILLIER. Mon oncle Benjamin.

TILLOT (Dʳ). Réveil de l'ouïe.

TILLY (de). Souvenirs (*Bibl. des Mém.*, t. XXV).

TILMANT. Matières colorantes.

TIMBRE (impôt du). Textes législatifs.

TIMMORY. Colonelle von Schnick. — Les profiteurs.

TIMMERMANS. Pallieter.

TINAYRE. Amour qui pleure. — Avant l'amour. — Douceur de vivre. — Hellé. — Madeleine au miroir. — Maison du péché. — Note d'une voyageuse en Turquie. — Oiseau d'orage. — Ombre de l'amour. — Perséphone (*R. D. M.*, nov. 1919). — Rançon. — Rebelle. — Un été à Salonique (*Idem*, avr. 1916). — Veillée des armes. — Vie amoureuse de François Barbazange. — Sosipatra et la courtisane (*Rev. de France*, sept. 1925). — Madame Lapeyrade (*R. D. M.*, mai 1925).

TINSEAU. Au coin d'une dot. — Bien folle est qui s'y fie. — Bouche close. — Charme rompu. — Faut-il aimer? — Meilleure part. — Péchés des autres. — Vers l'idéal.

TISSANDIER. Houille. — Photographie. — Physique sans appareils.

TISSIE (Dʳ). Education physique.

TISSOT. Prussiens en Allemagne. — Voyage aux pays annexés. — Voyage au pays des milliards. — Société et mœurs allemandes. — Vienne et vie viennoise. — Voyage au pays des Tziganes. — Russie et Russes. — Allemagne amoureuse. — Police secrète prussienne. — Russie rouge. — Russes et Allemands.

TITE-LIVE. Extraits.
TOCQUEVILLE. Ancien régime et Révolution.
TOGO et CAMEROUN. Vie technique.
TOLEDO. Rue de la Paix, 3 actes (*Monde ill.*).
TOLSTOI. Anne Karénine. — Cosaques. — Faux coupon. — Guerre et paix. — Hadji Mourad. — Lieutenant Demianof. — Autographie (*Revue*, mai 1906). — Père Serge. — Résurrection. — Souvenirs. — Travail. — Sonate à Kreutzer. — Qu'est-ce que l'art? — Le salut est en vous. — Lettre à Alexandre III (*Revue*, nov. 1906). — Ed. Ma vie, récit d'une paysanne.
TOM-TIT. Science amusante.
TOPFFER. Premiers voyages en zig-zag. — Nouveaux voyages en zigzag. — Rosa et Gertrude. — Nouvelles genevoises. — Presbytère. — Réflexions. — Mélanges.
TOPIN. Romanciers contemporains.
TOPINARD (Dr P.). Anthropologie.
TORMAY. Livre proscrit (*Rev. Paris*, sept. 1924).
TORAU-BAYLE. Loi des loyers.
TOUCHARD (A.), collab. CAILLAUX (J.). Impôts en France.
TOUCHET. Sainte Jeanne d'Arc.
TOUDOUZE. Chiennes des ténèbres.
TOUGAN - BARANOWSKY. Crises industrielles en Angleterre.
TOUGARD. Géographie de la Seine-Inférieure.
TOULOUSE (D^r). Se conduire dans la vie. — Former un esprit.
TOUR DU MONDE, 1860 à 1895, 1907 à 1914.
TOURDOT. Alcoolisme dans la Seine-Inférieure.
TOURGUENEFF. Assia. Faust. — *Idem* (*R. D. M.*, déc. 1856). — Fumée. — Nichée de gentilshommes. — Eaux printanières. — Premier amour (*Lect. rétr.*, X).
TOUSSAINT (J.). Peintre en bâtiments.
TOUSSENEL. Monde des oiseaux.
TOUTAIN (Jul.). Notre belle France. — Histoire de l'Europe, 1270-1610. — Trad. MOMMSEN. Hist. romaine.
TOUTAIN (P.). Dans les highlands. — Limailles et copeaux. — Pro amicis. — Voir REVEL (J.).
TOUTAIN (Jac.). Aurore. — Douleur. — Floréal. — Joéline. — Liberté. — Rendez-vous.
TRAVAUX DE L'AMATEUR, 1922 et suiv.
TRAZ (R. de). Ecorché (*Rev. Paris*, oct. 1926).
TREBIGNAUD. Collab. MAUMENE. Jardinage.
[TREVOUX]. Dictionnaire français et latin dit de Trévoux.
TRIBOULLOIS et ROUSSET. Apprenons la grammaire.
TRILBY (T.). Petiote.
TRIPIER et MONNIER. Codes.
TRIPOT (D^r). La Guyane.
TROLLOPE (M.). Paris romantique (*Coll. F. Brentano*).
TROUSSET. Dictionnaire encyclopédique.
TRUFFIER. Guirlande de Thalie.
TSERTEVENS. Légende de Don Juan.
TUDESQ (A.) et RUFFIN (H.). Notre camarade Tommy.
TUFFRAU. Légende de Guillaume d'Orange. — Lais de Marie de France.
TULOU. Panthéon de la jeunesse.
TUOHY. Mystères de l'espionnage.
TURBAN. Port de Rouen.
TURCK (D^r). Médecine populaire.
TURGAN. Grandes usines.

TURGIS. Oissel.
TURMAN. Problèmes du travail industriel.
TUROT. En Amérique latine.
TURPIN (E.). Comment on a vendu la mélinite (*Lect.*, XXIV).
TURPIN (H.). Régie et boissons.
TWAIN. Prétendant américain. — Wilson tête de mou. — Plus fort que Sherlock Holmès.
TYSON. Glaçon du Polaris.

U

UKRAINE économique.
ULBACH. Monsieur et Madame Fernel. — Ile des rêves. — Roués sans le savoir. — Simple amour. — Madame Gosslin. — Monsieur Paupe.
UN AN D'OCCUPATION dans la Ruhr.
UNION des pères et des mères dont les fils sont morts pour la patrie (32 p.).
UNION des grandes associations françaises contre la propagande ennemie (*Brochures*).
UNION DES SOCIETES INDUSTRIELLES. Congrès. 1922.
UNSWORTH. Constitution financière démocratique.
UPTON SINCLAIR. Voir SINCLAIR.
USAGE DE LA REGLE LOGARITHMIQUE.

V

VACANDARD (E.). Critique et histoire religieuse.
VACHELL. Triumph of Tim.
VACHON. Défense de nos industries. — Musées et écoles d'art industriels. — Industries d'art.
VACQUERIE. Le fils.
VAILLANT (E.). Ed. chansons de Gautier d'Argies.
VAILLANT (V.). Chimie de l'agriculteur.
VAILLANT-COUTURIER, en collaboration avec LEFEBVRE. Guerre des soldats.
VALADE. A mi-côte.
VALDAGNE. Confession de Nicaise. — Faut-il mentir?
VALERA. Pepita Jimenez.
VALIN. Abjuration de Jeanne d'Arc. — Duc de Normandie et sa cour. — Place du Vieux-Marché. — Ed. Roule des plés de Jehan Mustel.
VALLAUX. Archipel de la Manche.
VALLEE (O. de). Manieurs d'argent.
VALLEE (Th.). Jules Siegfried.
VALLERY-RADOT. Vie de Pasteur.
VALLES. Les réfractaires.
VALLET DE VIRIVILLE. Chronique de la Pucelle.
VALLOTON. On changerait plutôt le cœur de place. — Les loups.
VALMONT. Caudebec-en-Caux et sa région.
VAMBERY. Faux derviche dans l'Asie centrale.
VAN BEVER. Poètes du terroir. — Normandie vue par les écrivains. — Poètes d'aujourd'hui.
VAN BRUYSSEL. Vie sociale.
VANDAL. Avènement de Bonaparte.
VAN DEN HEUVEL. Violation du droit des gens en Belgique.
VANDENBOSSCHE. Au Pe-Tchi-Li.
VANDEREM (F.). Charlie (*Lect.*, XXXIII).
VANDERVELDE. Pour la paix démocratique (16 p.).

VAN EEDEN. Petit Jean.

VANEL. Mémorial de Philippe Lamare. — Journal de Simon Le Marchand. — Remarques de Nicolas Le Hot.

VAN GENNEP. Formation des légendes.

VANNIER. Clarté française.

VAN ROOSBROECK. Genesis of Corneill's Mélite. — Ed. Chapelain décoiffé et Comédie des académistes.

VAN TIEGHEM (P.). Mouvement romantique.

VAPEREAU. Dictionnaire des contemporains.

VARENNE et LEBEUF. Amélioration des liquides.

VARENNE (G.). Vie artistique.

VAREZE. Péché des autres (*Rev. hebd.*, janv. 1921).

VARIGNY. Géographie moderne. — Ruines d'Uxmal (*Illustr.*, 1899).

VARIOT. Grandes heures de Robespierre (*Rev. hebd.*, août 1918). — Effigie de César (*Rev. hebd.*, 1921). — Belle de Haguenau (*Coll. France dramat.*).

VASCHIDE (Dr). Sommeil et rêves.

VASILI. Société de Londres. — De Vienne. — De Berlin. — De Paris. — De Rome. — De Madrid. — De Saint-Petersbourg.

VASNIER. Trigonométrie (*Ecole prat. trav. publ.*).

VASSIVIERE. Anthologie de l'anti-chapelle.

VAST (H.). Extraits de Villehardouin, Joinville, Froissart, Commines.— Petite histoire de la grande guerre. — Collab. JALLIFFIER. Histoire des temps modernes. — Contemporaine.

VAST-RICOUARD. Pour ces dames.

VATOUT. Château de Compiègne.

VAUBAN (de). Mémoires (*Bibl. des Mém.*, t. XXXI).

VAUBLANC. Mémoires (*Bibl. des Mém.*, t. XIII).

VAUCAIRE. Patatras.

VAUCHEZ. Instruction nationale.

VAUCLIN. Théâtre-des-Arts de Rouen. Ed. H. GEISPITZ.

VAUJANY. Alexandrie et Basse-Egypte.

VAUTEL. Mon curé chez les riches. — Madame ne veut pas d'enfant. — Mon curé chez les pauvres.

VAUTIER. Pseud. BOURGINE. John, le Conquérant. — « Deus-Amanz » à l'Opéra.

VEBER. Aventure. — Rentrées. — Aventure d'Archytas (*L. P. T.*, mars 1921). — Qui perd gagne. 5 actes (*Monde ill.*). — Collab. GERBIDON. Un fils d'Amérique. 4 actes (*Illustr. théâtr.*). — Collab. BASSET. Les grands. 4 actes (*Idem*).

VEDEL. Nos marins à la guerre.

VEILLAT. Commerce d'exportation et colonial (Voir FONTAINE).

VEILLEE (Lectures pour la). Suppl. aux Annales.

VELLEIUS PATERCULUS. Histoire romaine (*Coll. Nisard*) (*à la suite de Salluste*).

VELOCIPEDIE pour tous.

VERCHEVAL. Dictionnaire du violoniste.

VERCIER (J.). Arboriculture. — Culture potagère.

VERDIER (F.). collab. CHEMIN. Houille et ses dérivés.

VERDURAND (A.). Théorie de la T. S. F.

VERE DE STACPOOLE. Lagune bleue (*Corr.*, oct. 1910).

VERESAIEF. De loin (*Rev.*, juin 1907).

VERGANI. Grammaire italienne.

VERGNAUD. collab. RIFFAULT et TOUSSAINT. Peintre en bâtiments.

VERGNIAUD. Choix des discours (*Orat. de la Révolut.*).

VERGNIOL. Torpille bulle (*Illustr.*, 1907).

VERHAEREN. Villes tentaculaires. — Blés mouvants. — Heures du soir.

VERLAINE. Choix de poésies.

VERLET. De la boue sous le ciel.

VERMOND (E.). Droit maritime.

VERNE et CHAVANCE. L'art décoratif.

VERNE. Anglais au Pôle Nord. — Archipel en feu. — Aventures de trois Russes et de trois Anglais. — Billet de loterie. — César Cascabel. — Capitaine de quinze ans. — Chancellor. — Château des Carpathes. — Chemin de France. — Cinq cents millions de la Bégum. — Cinq semaines en ballon. — Claudius Bombarnac. — De la terre à la lune. — Déserts de glace. — Deux ans de vacances. — Docteur Ox. — Ecole des Robinsons. — Enfants du capitaine Grant. — Etoile du Sud. — Face au drapeau. — Famille sans nom. — Hector Servadac. — Histoire des grands voyages. — Hivernage dans les glaces. — Ile à hélice. — Ile mystérieuse. — Indes noires. — Jangada. — Kéraban le Têtu. — Maison à vapeur. — Mathias Sandorf. — Michel Strogoff. — Mistress Branican. — Nord contre Sud. — Pays des fourrures. — P'tit Bonhomme. — Rayon vert. — Robur le Conquérant. — Sens dessus dessous. — Tour du monde en quatre-vingts jours. — Tribulations d'un Chinois. — Ville flottante. — Vingt mille lieues sous les mers. — Voyage au centre de la terre. — Voyages du capitaine Hatteras. — Cinq semaines en ballon. — Grands navigateurs. — Histoire des grands voyages.

VERNIER (J.). Répertoire des archives départementales.

VERNIER (V.). Filles de minuit.

VERNON (P.). Plus fait douceur (*Corresp.*, juill. 1910).

VERNON. Claire Maret.

VEROLA. Madame de Chatillon. 5 actes (*Monde ill.*).

VERON. Morale. — Allemagne depuis Sadowa.

VERRIER. Folie allemande (*Pages d'hist.*).

VERS (Les plus jolis) de l'année. Voir SECHE.

VERSAILLES. (Traité de). 1919 (*Pages d'hist.*).

VESLOT et BANCHET. Version anglaise.

VESLY (de). Céramique en Haute-Normandie.

VEUILLOT. Rome et Lorette. — Odeurs de Paris. — Corin et d'Aubécourt. — Parfum de Rome.

VIAL et BLONDEAU. Dictionnaire de la marine (*Encycl. méth.*, t. LXXV et LXXVII).

VIAL. Enseignement secondaire et démocratie.

VIARDOT (Louis). Musées d'Angleterre, Belgique, Hollande et Russie. — De France. — D'Italie. — Merveilles de la sculpture. — De la peinture.

VIAUD. Nature et vie.

VIBERT (Paul). Pour lire en automobile. — En bateau-mouche.

VICTOIRE (La) de la France (36 n.).

VICTOIRES, conquêtes des Français de 1792 à 1815.

VIDAL (E.-F.). Langue universelle.

VIDAL DE LA BLACHE. Tableau de la géographie de la France (*Hist. Larisse*, I). — Bassin de la Sarre.

VIE DE BOHEME, comédie lyrique (Livret).

VIE UNIVERSITAIRE A PARIS.

VIENNET. Epîtres, satires. — Fables.

VIGEE-LEBRUN (Mme). Souvenirs (*Coll. F. Brentano*).

VIGNE D'OCTON (P.). Petite amie (*Lect.*, XXIX).

VIGNEMAL. Double jeu.

VIGNERAS. Côte des Somalis.

VIGNERON (H.). Applications de la physique pendant la guerre.

VIGNES. Vérité sur le Canada.

VIGNY. Poésies. — Cinq-Mars. — Servitudes et grandeur militaire. — Lettres à Victor Hugo (*R. D. M.*, fév. 1925).

VILAMSON (C.-A.). Lune de bruyère (*Corresp.*, juin 1919).

VILLARS. Roman de la Parisienne.

VILLARD. Rayons cathodiques.

VILLAZ. Emigrant en Nouvelle-Calédonie.

VILLE (G.). Engrais chimiques.

VILLE (L.). Hercule du Nord. Chercheurs d'or.

VILLES D'ART CELEBRES. Bologne. — Bruges et Ypres. — Bruxelles. — Constantinople. — Cordoue et Grenade. — Cracovie. — Florence. — Gand et Tournay. — Caire, Nil, Memphis. — Nancy. — Nîmes, Arles. — Nuremberg. — Oxford et Cambridge. — Pompéi. — Ravenne. — Rome. — Rouen. — Séville. — Venise. — Versailles.

VILLEBRANCHE (de). Trois jeunes filles.

VILLEHARDOUIN. Extraits VAST.

VILLETARD DE LAGUERIE. Corée indépendante.

VILLETARD (P.). Monsieur Bille dans la tourmente. — Château sous les roses. — John chez les cigales (*L. P. T.*, juill. 1925). — Ma cousine Edna (*Rev. hebd.*, juin 1924).

VILLETTE. Notes et souvenirs.

VILLEVALEUX. Primevères.

VILLEY. Monde des aveugles.

VILLIERS DE L'ISLE ADAM. Contes cruels. — Derniers contes. — Tribulat Bonhomet.

VILLON (A.-M.). Graveur en creux. — Dessinateur et lithographe.

VILLON (F.). Œuvres.

VILMORIN-ANDRIEUX. Plantes potagères.

VINCENT (Cl.). Péril de la langue française.

VINCENT (J.). Jacques de Trévannes (*R. D. M.*, août 1877). — Retour de la princesse (*R. D. M.*, juin 1879). — Cousin Noël (*R. D. M.*, déc. 1881).

VINCENT (M.). Dépressions sidérales.

VINGT ans de police.

VINOT. Manuel des transports.

VIOLLET-LE-DUC. Un hôtel de ville et une cathédrale. — Dictionnaire de l'architecture française. — Dictionnaire du mobilier français.

VIOLLET. Institutions politiques et administratives de la France. — Droit civil français et notions de droit canonique. — Le roi et ses ministres.

VIOLLETTI. Anthologie (HALLEY).

VIOUX. Amants tourmentés.

VIRET et NOEL. Petites bêtes.

VIRGILE. Œuvres.

VIRMAITRE. Commune à Paris.

VISSIERE. Rudiments de langue chinoise.

VITU. Lendemain de l'Empire.

VIVANTI. Vae Victis.

VOGT. Porcelaine.

VOGUE. Jean d'Agrève. — Sous l'horizon. — Morts qui parlent. — Maître de la mer. — Roman russe. — En Crimée (*Lect.* X). —

— Correspondance avec Brunetière (*R. D. M.*, août 1924). — Lettres à Paul Bourget (*R. D. M.*, janv. 1904).

VOISINS (de). Proses fantasques (*Rev. de Paris*, avril 1925

VOITELLIER. Aviculture.

VOIVENEL (P.). et HUOT. Courage. — Cafard. — Psychologie du soldat.

VOLTAIRE. Œuvres complètes.

VOOS DE GHISTELLES. Marie Lantenin.

VORAGINE. Légende dorée (GERIOLLES). — (VYZEWA).

VOYAGE en Syrie (*Illustr. économ.*).

VOYAGES AUTOUR DU MONDE (Abrégés). Depuis Magellan, jusqu'à D'Urville et Laplace.

VOYAGES AUTOUR DU MONDE. I. Anson. Byron. Bougainville. — II à V. Cook. — VI. La Pérouse. Baudin. De Freycinet. Duperrey. Dumont-d'Urville. — VII. Bruce (Nubie et Abyssinie). — VIII. Le Vaillant (Afrique). — IX. Mungo-Park (Afrique). Caillé (Tombouctou et Jenné). — Lander (Afrique). — X. Chardin (Perse). — XI. Macartney (Chine et Tartarie). Klaproth (Caucasse). Niebuhr (Egypte et Arabie). Burckhardt, Ruppell, de Laborde (Arabie). Kotzbue (Tauris). — XII. Christophe Colomb. Cortez. Pizarre. — Basil-Hall. Levasseur. De Beaumont (Amérique). De Castelnau (Floride, Canada), Ross (pôle Nord). Pouqueville (Constantinople).

VOYSIN DE LA NOIRAYE. Généralité de Rouen.

VRIGNAULT (P.). Chanson française.

VUIBERT. Problèmes de mathématiques.

VUIGNIER. Exploiter un domaine agricole.

W

WAGNER. Lohengrin. Tétralogie. Vaisseau fantôme (Livrets).

WAHL. France aux colonies.

WAILLY (de). Vocabulaire français.

WALCH. Anthologie des poètes contemporains.

WALISZEWSKI. Littérature russe.

WALLERANT. Groupements cristallins.

WALLEWSKI. Souvenirs (*Rev. France*, janv. 1925).

WALLON (H.). Phares des côtes de Normandie. Chambre de Commerce de Normandie.

WALPOLE. Cité secrète (*R. D. M.*, oct. 1924).

WARCOLLIER. Pomologie et cidrerie.

WARD (M^rs). Effort de l'Angleterre. — Elisabeth Bremerton (*R. D. M.*, août 1919). Famille Coryston (*R. D. M.*, août 1913).

WARREGO. Cockatoo (*Illustr.*, 1908).

WATELET. Perspective d'observation.

WATSON. Formation of Character.

WAUTERS. Peinture flamande.

WEBER. Mémoires (*Bibl. des Mém.*, t. VII).

WEBER et WILLY. Une passade.

WEGENER (E.). Coll. GUYOT. Livre des Vikings.

WEILL. Mouvement social en France. — France sous la monarchie constitutionnelle.

WEILLER (C.). Légendes d'Outre-Rhin.

WEILLER (Lazare). Dépression allemande vue de Suisse (10 p.).

WEISS (A.). Violation de la neutralité belge.

WEISS (E.). Appareils ménagers. — Motocycliste, 1924 (*Bibl. professionn.*).

WEISS (J.-J.). Dernier roman (*R. D. M.*, oct. 1924).

WELLS. Coins secrets du cœur. — Merveilleuse visite. — Premiers hommes dans la lune. — Quand le dormeur s'éveillera. — M. Britling commence à voir clair. — Homme invisible. — Machine à explorer le temps. — Ile du docteur Moreau. — Dieu l'invisible roi. — Kipps. — Jeanne et Pierre. — Nouveau Machiavel. — M. Barnstaple chez les hommes-dieux. — Roues de la chance.

WENDELL. France d'aujourd'hui.

WENZ. Amour de la vie (*Illustr.* 1912).

WEVE. Cinématique des mécanismes.

WERNER. Barnum.

WERNLE. Avenir du franc.

WESTALL. A fair Crusader.

WEYMANN. The Castle Inn.

WEYSS (P.). Industries extractives. V. FONTAINE.

WHARTON (M^rs). Chez les heureux du monde. — Metteurs en scène. — Au temps de l'innocence (*R. D. M.*, 15 nov. 1920). — Sous la neige, roman.

WHISHAW. The degenerate.

WHITLOCK. Abraham Lincoln.

WICART et LEMESLE. Anatomie et physiologie des dents.

WICHELER. Le feu de la Saint-Jean, 3 actes (*Monde ill.*). — Collab. FONSON. Mariage de Mlle Beulemans.

WILLAMSON. Lune de bruyère (*Correspond.*, juin 1919). — Mon ami le chauffeur (*Idem*, août 1922).

WILLEBOIS. Nouvelle éducation française.

WILLIAMS (M.-H.). Règne de Robespierre (Coll. F. BRENTANO).

WILSON (W.). Pourquoi nous sommes en guerre.

WINTZWEILER. Collab. CLARAC. Lectures allemandes.

WISEMAN. Fabiola.

WISTER. Pentecôte du malheur (30 p.).

WITKOWSKI et CABANES. Gayetez d'Esculape.

WITT (Mme de). Femmes dans l'histoire.

WOLFF (A.). A travers le monde.

WOLF (P.). Voile déchiré (*Ill. théâtr.*, 1919). — Chemin de Damas (*Idem*, 1921). — Collab. BIRABEAU. Une sacrée petite blonde (*Coll. France dram.*). — Coll. LEROUX. Le lys (*Ill. théâtr.*).

WOLF (P.). Vous, qui l'avez connue.

WOLFROM. Maroc.

WORMS. Sexualité dans les naissances françaises.

WURTZ (Ad.). Dictionnaire de chimie.

WYSS. Robinson suisse.

WYZEWA. Grands peintres de France. — De l'Espagne et d'Angleterre. — D'Italie. — D'Allemagne. — Des Flandres et de la Hollande. — Trad. VORAGINE. Légende dorée.

X

XENOPHON. — Œuvres complètes.

Y

YAMATA. Masako (*Rev. hebd.*, avr. 1925).

YARD. An de la terre. — Maison des bois.

YOU SHOULD VISIT ROUEN (16 p.).

YRIARTE. Souvenirs du Maroc.

YSABEAU. Jardinier des salons.

YVAN (A.). Les Gédéon.

YVAN (D^r). Légendes et récits.

YVER. Bergerie. — Cervelines. — Comment s'en vont les reines. — Cousins riches. — Dames du palais. — L'homme et le Dieu. — Métier de roi. — Mirabelle de Pampelune. — Mystère des béatitudes. — Pension du sphynx. — Princesse de science. — Sables mouvants. — Un coin du voile. — — Vous serez comme des Dieux. — *Idem* (*Correspond.*, mars 1921). — Rouen pendant la guerre (*R. D. M.*, avril 1917). — Dans les jardins du féminisme. — Festin des autres. — Aujourd'hui, roman.

YVON. Traits d'union normands avec l'Angleterre.

Z

ZABOROWSKI. Origine du langage. — Homme préhistorique. — Mondes disparus. — Migrations des animaux. — Grands singes.

ZACCONE. Blanchette.

ZANGWILL. Enfants du ghetto. — Rêveurs du ghetto. — Hamlet en Yiddish (*Rev. Paris*, sept. 1926).

ZANTA. Science et amour (*Correspond.*, oct. 1920).

ZELLER. Empire germanique et Eglise.

ZEMLAK. Eternelle fatalité.

ZEROLO (M.). Automobilisme.

ZEVORT. Histoire de Louis-Philippe. — France sous le suffrage universel.

ZIMMER. Bava l'Africain (*L. P. T.*, juill. 1926).

ZOLA (Emile). Fortune des Rougon. — Curée. — Ventre de Paris. — Conquête de Plassans. — Faute de l'abbé Mouret. — Eugène Rougon. — Assommoir. — Page d'amour. — Pot-Bouille. — Bonheur des Dames. — Joie de vivre. — Germinal. — Œuvre. — Terre. — Rêve. — Bête humaine. — Argent. — Débâcle. — Docteur Pascal. — Lourdes. — Rome. — Paris. — Fécondité. — Travail. — Vérité. — Contes à Ninon. — Nouveaux contes. — Confession de Claude. — Thérèse Raquin. — Vœu d'une morte. — Capitaine Burle. — Madeleine Férat. — Nais Micoulin. — Théâtre. — Collab. HUYSMAN, etc. Soirées de Médan.

ZOLLA. Agriculture moderne.

ZURCHER. Phénomènes célestes. — Télescope et microscope. — Phénomènes de l'atmosphère. — Volcans. — Glaciers. — Tempêtes. — Monde sous-marin. — Navigation. — Energie morale.

RÈGLEMENT

La Bibliothèque municipale de prêt gratuit est ouverte **tous les** jours : le dimanche, de 10 heures à 12 heures, le jeudi et le samedi, de 14 heures à 17 heures et les autres jours, de 19 h. 30 à 21 h. 30.

Elle est fermée les jours de fête légale; pendant le mois d'août elle n'est ouverte que le dimanche et le jeudi.

L'admission à la lecture sur place n'est astreinte à aucune formalité. L'accès est absolument libre et ouvert à tous sans distinction de sexe.

Pour être autorisé à emporter les volumes, il suffit de justifier du domicile à Rouen, d'être âgé de seize ans au moins et de signer la demande d'inscription au registre de prêt.

Les demandes d'inscription des mineurs doivent être revêtues de la signature de leur répondant légal.

Il n'est prêté qu'un seul volume à la fois. La durée du prêt est de quinze jours. A l'expiration de ce délai, le volume doit être rapporté ou tout au moins représenté pour renouvellement du prêt...

Tout volume détérioré ou perdu devra être remplacé ou la valeur en être remboursée.

(Arrêtés municipaux des 13 juillet 1906, 3 septembre 1919 et 20 mars 1922.)

Nos lecteurs sont instamment priés :

1° D'emporter et de rapporter les livres enveloppés;

2° De couvrir ces livres à domicile, avant de les lire, pour leur bonne conservation;

3° De les tenir à plat, autant que possible, sur une table, **sans jamais les replier sur eux-mêmes,** ce qui les briserait;

4° De ne pas plier les feuillets, **de ne pas écrire dessus,** ni les salir de taches ou d'empreintes de doigts, pratique non seulement malpropre, mais très dangereuse en raison des maladies contagieuses;

5° De renfermer les volumes dans un meuble, après chaque lecture.

Ces soins sont demandés dans l'intérêt de tous; chaque lecteur doit avoir à cœur de les observer rigoureusement.